说服法庭

讼辩高手进阶指南

［英］伊恩·莫利
王馨仝
著

·IRRESISTABLE·

法律出版社
LAW PRESS·CHINA
北京

图书在版编目（CIP）数据

说服法庭：讼辩高手进阶指南 /（英）伊恩·莫利（Iain Morley），王馨仝著. -- 北京：法律出版社，2022（2024.1 重印）
ISBN 978-7-5197-6482-1

Ⅰ. ①说… Ⅱ. ①伊… ②王… Ⅲ. ①诉讼—辩护—指南 Ⅳ. ① D915-62

中国版本图书馆 CIP 数据核字（2022）第 036784 号

说服法庭
——讼辩高手进阶指南
SHUOFU FATING
—SONGBIAN GAOSHOU JINJIE ZHINAN

［英］伊恩·莫利
王馨仝
著

策划编辑 朱海波
责任编辑 朱海波
装帧设计 汪奇峰

出版发行 法律出版社
编辑统筹 法律应用出版分社
责任校对 晁明慧
责任印制 刘晓伟
经　　销 新华书店

开本 A5
印张 15.5　　字数 240 千
版本 2022 年 6 月第 1 版
印次 2024 年 1 月第 4 次印刷
印刷 三河市兴达印务有限公司

地址：北京市丰台区莲花池西里 7 号（100073）
网址：www.lawpress.com.cn
投稿邮箱：info@lawpress.com.cn
举报盗版邮箱：jbwq@lawpress.com.cn
销售电话：010-83938349
客服电话：010-83938350
咨询电话：010-63939796

书号：ISBN 978-7-5197-6482-1
定价：68.00 元
凡购买本社图书，如有印装错误，我社负责退换。电话：010-83938349

联合出品人

陈　宓　中国国际经济贸易仲裁委员会案件秘书。曾办理多种类型的涉外、国内商事仲裁案件 300 余件，具有较丰富的仲裁案件管理经验。

曹春武　北京天达共和（南京）律师事务所合伙人，致公党党员、归国华侨、江苏省政府规章英文文本译审专家、南京市侨联法律顾问委员会副主任、中国国际贸易促进委员会 / 中国国际商会南京调解中心等多家商事调解机构及法院特聘调解员。

邓力行　兰台律师事务所律师，曾任职于出口信贷机构，擅长从事争议解决、跨境争议管理、合规调查，系艺术仲裁院在册仲裁员、上海国际仲裁中心在册调解员。

付　鑫　国浩律师（南京）事务所合伙人，全国律协网络与高新技术专业委员会委员，现任江苏省网络安全协会法律专家、江苏省工商联法律顾问、江苏省司法厅立法专业团队成员，兼职调解员。付律师还是 IAPP（国际隐私专家协会）会员，注册信息隐私专业人员（CIPP/E）、注册信息隐私管理人员（CIPM）。

郭　真　福建重宇合众律所常务副主任，司法部“全国千名涉外律师人才”、厦门大学法学院实践教学导师，曾获福建省“优秀公益青年律师”、厦门市“优秀青年律师”称号，现担任海南国际仲裁院等多家商事仲裁机构仲裁员，以及多家商事调解机构调解员。

邵静姝　上海市汇盛律师事务所高级合伙人，兼职仲裁员、调解员，专注于诉讼、仲裁等争议解决领域，具有丰富的庭审经验。任中国海商法协会理事、上海市律师协会“一带一路”业务研究委员会副主任、最高人民检察院民事行政案件咨询专家库成员。

杨　雷　中联律师事务所合伙人，具有中国、美国纽约州律师执业资格，受聘为中国国际贸易促进委员会 / 中国国际商会南京调解中心调解员。

赵慧丽　君合律师事务所合伙人，新加坡国际仲裁中心青年组织（YSIAC）委员会委员。曾在某“魔术圈”国际律师事务所以及新加坡国际仲裁中心（SIAC）工作多年。曾连续多年获评 The Legal 500 争议解决领域“新一代合伙人”（Next Generation Partner），以及 Benchmark Litigation China，国际仲裁领域“未来之星”（Future Star）。

本书英文版书评节选

“……我梦寐以求之书，讼辩界的泰坦尼克号（尽管它的尺寸不大）……伊恩·莫利架起了衔接讼辩理论与讼辩实务鸿沟的桥梁……这本书非常受欢迎，应该放在每个律师的白色假发盒里。”

——菲利普·泰勒（Phillip Taylor)，大英帝国员佐勋章获得者，诉讼律师

“本书的文风超凡脱俗。它以一种鲜活的方式来讲解讼辩的艺术……书中的例子引人入胜、易于理解而且非常合乎情理。祝贺莫利，这本书的重要性不容忽视。”

——御用大律师迈克尔·卡普兰（Michael Caplan),
金斯利·纳普利（Kingsley Napley)

“作为一个从不认为讼辩技能书籍有多大用处的人，我由衷地推荐这本书。它通俗易懂，读起来很有趣。它阐述了一些虽基础却充满智慧的重要问题，即使是最优秀的诉讼律师也常常忽视

这些问题……我们都可以从本书的智慧中受到启迪。”

——御用大律师查尔斯·霍兰德（Charles Hollander），Brick Court 律师事务所

“很简单，这是同类书中最好的。事实上，它是同类书中唯一的……买它，学它，你不会后悔。”

——谢菲尔德大学 A. R. Forrest 教授

“作为一名法学院学生，我不可能找到一本更好的讼辩技能指南了。我会把它推荐给任何需要做模拟法庭、出庭或演讲的人。本书的建议既适用于有经验的律师，也适用于法学院学生……”

——多伦多法学院学生

“这本书好读易懂，在讼辩技能方面提供了极好的指导和帮助。它完全实用。它是你手中的武器。”

——一位伦敦初级诉讼律师

“从一开始，莫利就说他的方法是实用的且没有讨论理论问题，这得益于他作为辩护律师那令人钦佩的经验。本书简单实用，但绝对是权威的讼辩技能指南——有所为，有所不为。”

——亚马逊客户评论

★ ★ ★

序　一

“诉讼不是一门科学，它是一门艺术。讼辩技能，不是把我们的个性隐没在冷冰冰的发问提纲和精心准备的辩护词下。向证人提出措辞准确的问题时，如果发问的方式既无聊又单调，通常不会产生预期的效果。因此，你是否以平常人的方式去沟通，远比你所讲的内容更为重要：人们关注的是你讲话方式、语气、表情和肢体语言。”

这是《说服法庭》一书中对诉讼艺术的一段经典概括。我想，很多律师对此都会有同感。

近年来，已经有许多关于律师诉讼技能的作品相继问世，其中观点见仁见智，反映出中国律师队伍的不断成熟和水平的迅速提升。但是，对于域外经验的吸收和引进还远远不够丰富。在中国，现代律师制度毕竟还是舶来品，相对于国际社会漫长悠久的律师发展过程而言，广泛借鉴和吸收域外律师的成熟经验，无疑是加速提升中国律师水平的捷径。而伊恩大法官和王馨仝律师的作品《说服法庭》，正是填补了这一项空白的倾心之作。

该书的英文版原作者伊恩大法官以其独特的视角和生动的语言，对律师的诉讼技巧做出了经验加方法的全面论证，其内容涵盖律师参与诉讼全程中所应当具备的素质、能力、技巧和理论功底等各个方面，大有一种令人耳目一新之感！

比如，关于法庭语言的运用，作者认为，法庭上的语言一定要简明扼要："简单的句子都是短句，很快就能被理解。法庭只有理解你了，才能被说服。最复杂的案子，或者是最学术的观点，一般都可以归纳为简单的句子，字斟句酌便可。""有一个很好的建议，就是把你的听众想象成是一群在学校表现优异的15岁智力水平的人，针对这一水平的听众去讲，而不是针对教授水平的听众，你自然就会简化自己的语言。这意味着，你的话会更容易理解。如果你的话很容易理解，你可能就更有说服力。"这个比喻本身就非常浅显通俗而又有说服力。对此我很有同感，我所倡导的法庭语言风格是："律师的法庭语言，要让既不懂法也不知情的人能够听明白其中含义，才是真正成功的表达。"但遗憾的是，这种风格和能力正是我们许多律师所欠缺的。

又如，在书中第24章读到“大律师精神”时，作者提出了律师在对抗的诉讼中寻求胜利的三条原则：“1. 不要误导法庭；2. 不对对手耍花招；3. 试着像法官一样思考。”这些观点，是经验的总结，也是衷心的告诫。

诉讼技能，是经过多年积累和精心总结提炼而成的一门独特艺术，是对于刑事律师不可或缺的专门技能。《说服法庭》一书对这门艺术进行了独到而精辟的总结，而王馨仝律师在潜心研读后将其翻译成中文并进行改编呈现给中国读者，还加上了个人感悟的分享。不失为奉献给中国律师的一份辛劳加智慧的重礼。

希望这份礼物能博得律师界的厚爱，也期待有更多的同类佳作继续问世。

田文昌

2021年9月9日

序　　二

我与 Amy（王馨仝）初识于 2010 年，当时我们在海牙的联合国黎巴嫩特别刑事法庭工作，我是高级别诉讼律师，准备对 2005 年在贝鲁特刺杀黎巴嫩总理拉菲克·哈里里的案件提起公诉。

在我们团队的众多律师中，Amy 是最勤奋、最聪明的。她英语流利，能够在外国法律（包括处理大量法语文件）环境中执业，这令我印象颇深。我们合作得很好，在她回国做律师后，我们仍然保持联系。有一天，她告诉我她想翻译我的《魔鬼辩护人》一书，因为她觉得这本书对她在中国的刑事辩护事业发展很有帮助。我认为这是一个很好的主意。在朋友们的帮助下，中文改编版很快得以完成，他们还就如何将书中的观点应用于中国法庭提出许多好想法。

我从不认为书中的观点归我个人所有，相反，这些观点也是我从别人那里学到的，它们来自大家，服务于大家，我只是在法庭上运用它们并总结提炼成文。《魔鬼辩护人》已被翻译成多种语言在多个国家和地区出版，这样的成功得益于其简洁而轻快的行文风格，每页书的篇幅都不长，易于记忆。作为版权所有者，盈利并非我所求，面对日益举足轻重的泱泱中国，我乐于与该法域的律师分享一些观点，助力他们改善庭辩效果，因此，我欣然建议Amy将这本书进行中国化改编。我将本书的版权赠予Amy，由她改编这本书，我认为她付出了巨大的努力，使这本书已成为她自己的作品。

世界上所有的律师都在学习讼辩技能。无论我们从哪个港口出发，我们都在同一条船上航行。每个人都可以从本书中有所收获，我祝愿Amy和她的同行们一切顺利。

英属安的列斯群岛高等法院大法官

伊恩•莫利

2022年1月

序　三

本书是《魔鬼辩护人》的中文授权改编版。原书作者伊恩•莫利大法官是我在国际刑法领域的入门恩师，当时我们都供职于黎巴嫩特别刑事法庭，该法庭是唯一一个专门审理恐怖主义犯罪的国际刑事法庭，位于国际法之都荷兰海牙。在那里，大家都习惯叫我的英文名 Amy。最开始我是在法庭检察官办公室法律组工作，但在参加了莫利大法官亲自讲授的讼辩技巧培训之后，我有幸得到他的赏识，从而加入他的“剑之队”(sword team，即诉讼组)，零距离向莫利大法官及同组的其他国际精英律师们学习，亲身感受讼辩技巧的魅力与力量。

我发现优秀大律师对语言的运用是出神入化的，时而滔滔不绝用逻辑洪流席卷听众顺流而下，时而戛然而止让听众在落针可闻的肃静中怀疑或者深思，时而在轻描淡写中带证人回到正轨，时而雷霆万钧般一举突破证人心防，既能举重若轻点破症结，又总能适可而止不失风度。直到我系统地学习了讼辩技能后，我才知道律师的技能是可以分解为具体动作的，也是可以通过系统学习迅速提升的，而方法，就在这本书里。多位国内知名律师阅读本书后，也都认为这种技能是无国界的，一旦灵活掌握之后，就可以在中国法庭内外直接适用。

“Advocacy Skills”一词此前常常被翻译成“诉讼技能”，但经过多次研讨，我们认为翻译成“讼辩技能”更为准确，一则因为这些技能的适用范围要广于诉讼本身，二则这种技能具有使用规则，如若直接翻译成“诉讼规则”或“诉讼技能规则”，不仅容易与诉讼程序规则相混淆，语言也不够精练。相对于“诉讼技能”，“讼辩技能”的含义更为准确充分，即包含了控方、辩方皆可适用的意思，“讼辩规则”一词又与英文直接对应，语言规整。因此，本书最终选用了“讼辩技能”这一措辞。

本书的英文原版是莫利大法官几十年办案和教学经验的总结，语言风格独树一帜，文如其人，极为实际、极有说服力。多年来我反复精读此书，并将书中相关理念、技巧应用于工作和生活，受益良多。回国之后我一直想把这本书引入国内。莫利大法官得知我的想法后，表示为了促进中国律师行业发展，他愿意无偿授权我改编并出版本书。对此，我不胜感激。

陈宓、曹春武、邓力行、付鑫、郭真、邵静姝、杨雷和赵慧丽律师（拼音顺序排列）和我一样都是中国涉外律师，我们共同翻译了本书。我们相识于英国伦敦，相知于英国大律师公会项目，并在本书的翻译过程中成为了亲密的战友。因为有这些战友的齐心合力，在繁忙的工作之余熬夜加班，互相鼓劲，才促成本书付梓出版。我们分组分工进行翻译、校对，最终由我进行统稿。在翻译的过程中，我们努力保持原有风格，同时在导读部分和部分措辞上进行调整，删减了与中国诉讼制度不相符的部分章节，以期更符合中国司法实务。由于水平有限，本书如有错漏和不足，敬请同行和读者批评指正。

在此，也特别感谢为本书审稿并提出宝贵建议的朱海波编辑，以及樊羽萌法官、关键律师、李佳欣律师、王琦律师、翁小平律师、张旭涛律师、赵悦、郑建瓯律师（拼音顺序排列），张云岭等亲友，正是大家慷慨支持，才有了今天的《说服法庭》。

本书虽然以律师视角为广大律师同行而作，但希望也能为高校法学院师生、检察官、法官在提升讼辩技能方面提供参考。

王馨仝

2021 年 12 月 7 日写于北京市京都律师事务所

目　录

第 1 章

关于本书

本书在《魔鬼辩护人》原英文版的第三版基础上改编而成，原书已在英国、美国、波兰、拉丁美洲等国家和地区出版，还被翻译成了多国语言版本。

我希望你们永远不要忘记从这本书里读到的内容。

我希望你们能时不时地重温本书。

把它作为参考书。

本书充满了在执业早期可借鉴的方法，你可以在具体案件中考虑如何运用。

如不出意外，读完本书，你的讼辩技能会立即得到提升。

★ ★ ★

本书并不是一本严谨的学术书籍，而是一本秘籍，教你如何在诉讼和庭审中表现出色，不捣乱、不诡辩、不胡搅蛮缠、不做乏味冗长的举证和辩解，是一本实事求是地做好工作的秘籍。

这是能够教你在执业早期追求卓越的一本书。

★ ★ ★

本书适用于所有执业经验少于五年的律师。

本书通俗易懂，致力于传授法庭上的有效辩护方法，重点在于“有效”，而非“精彩”，适用于学校、法学院的在校学生，执业早期的诉讼律师，以及非诉律师。

本书写作时考虑的主要是刑事诉讼实务，但是书中的许多规则同样适用于民事诉讼领域。

本书特别根据中国的司法实践进行了部分改编、解读和注释。

原书作者莫利大法官曾在多个国家和地区讲授本书内容，与学员们进行实战演练，包括苏格兰、爱尔兰、荷兰、波兰、俄罗斯、以色列、黎巴嫩、埃及、突尼斯、利比亚、迪拜、印度、孟加拉国、柬埔寨、南非、津巴布韦、马拉维、坦桑尼亚、肯尼亚、乌干达、卢旺达、尼日利亚、科特迪瓦、塞拉利昂、利比里亚、塞内加尔、喀麦隆、冈比亚、加纳、澳大利亚、新西兰、墨西哥、加拿大、美国以及中国内地和香港地区。

讼辩规则正在广泛传播。

★ ★ ★

本书的写作风格延续作者莫利大法官的授课风格。读本书应该能感到作者正在与你直面交谈，抑扬顿挫，感情充沛，你并非自己一个人在读书。希望这种风格能够高效地传达可能略显枯燥的规则。书中某些地方可能显得夸张，甚至让你有点抓狂，先向你说句抱歉，你会明白我的用意。

但我相信，你至少会记得书中所讲的内容。

本书指代律师或法官，或任何其他人的地方，将在一章中使用“他”，然后在下一章中使用“她”，交替使用，以保持性别中立。

★ ★ ★

如果你不同意书里的所有内容，
这很好。
至少说明你在思考，
在揣摩讼辩技巧。
思考哪些有用，哪些没用，
以及为什么。

这本书被命名为《说服法庭》，它可能会让你从一个全新角度看待讼辩说服之术。

你过去的固有观念将被挑战。

★ ★ ★

你可能已经注意到了，本书每页都包含一到两个观点，通常不会更多。

因此有些页可能会比较短。

就像本页。

请试着不要快速浏览本书。

相反，阅读时认真思考每一页的内容。把每个观点都记在心里。

不要一扫而过，要思考。

★ ★ ★

至于我自己，我不会装作自己每次法庭辩论都做得很完美，但我自认知道什么是有效的。

并且我将

永远，

永远，

永远学习。

这是我热爱教学的原因之一——每次讲课我都可以学到新东西。

这本书是我迄今为止的毕生所学，希望它对你有所帮助。

★ ★ ★

第 ❷ 章

讼辩技能

讼辩是一项技能，

一项关于说服的技能，

是一门艺术，而非科学。

但这不是教你如何**强迫**别人同意你的观点。

律师需要**说服**别人，使别人发自内心地认同自己的观点，而说服需要**技巧**。

像任何技能一样，**讼辩技能可以通过学习来掌握**。

有人认为，讼辩技能根本不能通过教学的方式习得，只能模仿。在这个过程中，学生将无意识地通过跟随和模仿他的导师来习得技能。这种绝对化的说法显得有些荒谬了！但是，就像学习任何技能一样，你可能会掌握一部分，或大部分，但不会分毫不差。终有一刻你会形成自己的风格，青出于蓝。

★ ★ ★

就像没人能被教成一位出类拔萃的钢琴家一样，也没有人能被教成一位出类拔萃的律师。

出类拔萃需要天赋。

天赋是与生俱来的。但不论你们是否有天赋都祝你们好运，你将通过七年的实践来找到答案。

但是，我们可以在讼辩技能方面被**培养成为称职的律师**。

称职是……好吧……就是**不犯错**。

我们能被教会如何不犯错。

如此而已……一点都不复杂……是的，不犯错。

★ ★ ★

正如大多数人可以被教会弹奏钢琴一样，大家也可以学会讼辩技能。就像初学者演奏贝多芬那首相当简单的《致爱丽丝》一样，零失误的钢琴表演是值得称赞的，并且通常不会被过多批评。有人可能注定无法成为出类拔萃的钢琴家，但是弹奏零失误的《致爱丽丝》是大多数年轻人可以通过学习掌握的，即使有时听起来有些呆板。

同样，我们也可以学会无差错的庭审表现。

但是不同于钢琴家，无差错的庭审表现是更难得、更少见的。

每当我在法庭上看到无差错的庭审表现，我都想敲响教堂的钟声。

无差错的庭审表现确实是不小的成就。

* * *

就像任何其他技能，**练习**是必需的。

如果不加练习，阅读本书或同类的书将没有太大的作用。

我们要在实践中掌握讼辩技能。

所以得练习。

练习！练习！练习！

本书的方法是需要让你去尝试的。如果觉得其中有些内容对你不适用，请尝试之后再下定论，而非之前。对本书中的部分内容，你也可能持怀疑态度，但我们不能纸上谈兵。

请先尝试，然后再争辩，而不是反过来。

讼辩需要实践，

反复练习。

试着提升**已有技能**。

试着创造**新**的技能。

不要只看，要活学活用。

不要空想，要撸起袖子，行动起来。

★ ★ ★

在镜子前练习。

对着朋友练习。

坐地铁通勤时，在心里安静地练习。

不要害羞，大声说出来，对自己说话，才能磨炼你的技能。私下自言自语，不会被当成疯子，当然最好别在超市或餐馆这样做。

不懈地寻找方法去

措辞发问，

修改表述，

提炼观点，

控制证人，

更重要的是，不要停止思考。

创新思想，需要你为之努力，并且勇敢地尝试。

★ ★ ★

令人惊讶的是，很少有人读过关于**讼辩技能的书**。

美国有大量相关的学术文献，有些枯燥，令人望而生畏。尽管，他们可能确实也不错。

建议你读读托马斯·摩伊特（Thomas Mauet）的《基础诉讼技巧》（*Fundamental Trial Techniques*）。虽然读起来有点晦涩，但这本书很全面，也有很多技巧。

也可读一下澳大利亚的乔治·汉佩尔（George Hampel）的《诉讼手册》（*Advocacy Manual*），里面充满了有趣的想法。

还有许多更薄的作品可以借鉴，特别是一些引用著名的历史案例的作品。爱德华·卡森（Edward Carson）对奥斯卡·王尔德（Oscar Wilde）的交叉询问可读性很强。其他相对不太知名的案例片段也具有启发性，而且往往令人惊叹。

当然所有律师都应该阅读：

理查德·杜·卡恩（Richard Du Cann）：《辩护的艺术》（*The Art of the Advocate*）；

弗朗西斯·威尔曼（Francis Wellman）：《交叉询问的艺术》（*The Art of Cross-examination*）。

请现在就开始吧。

★ ★ ★

本书的目标是教你做称职的律师。

我希望你学会书里的方法，然后付诸实践。这样你就能无差错地演奏律师的《致爱丽丝》，即使一开始有些呆板。

接下来你的成就将取决于你自己。随着时间的推移，当你对“标准动作”掌握得更加熟练、娴熟时，你将明白自己是否拥有能够成为顶级诉讼律师的天赋。

但是学会跑步之前，我们必须先学会好好地走路。

★ ★ ★

第3章

真　　相

查明真相是个难题。

不论正确与否，“对抗制”下的诉讼并非为了探寻真相。

大陆法系（如在欧洲大陆）的“纠问制”体系，是由法官主导的司法体系，并寻求真相。通常情况下，法官决定听取哪些证据、询问最关键的问题，并据此裁判。

英国或其他地区的普通法系下的“对抗制”体系，则有着不同的关注点。通常来说，律师决定提交（或不提交）某些证据、询问重要的问题，而法官或陪审团听取律师的举证或质证，并据此裁判。

所以重点来了：对律师来说，这样庭审当中就存在一个文明的竞赛。

这里的竞赛是指：

1. 法庭将根据控辩双方提交的证据，尽其所能地查明事实。

2. 律师利用讼辩技巧进行质证。

3. 律师能够控制证据呈现的方式。

4. 律师能够在发表辩论意见时，对于案件在经过举证、质证之后是否符合证明责任，是否达到证明标准进行评述。

对于律师来说，所有的一切都关乎举证、质证，而不必然是客观真实。也许不该如此，但这就是现实。

★ ★ ★

案件的客观真相是什么?

客观真相当然是一个很大的概念。哲学家们为此写了上千年。许多人说并没有客观真相的存在，只是角度不同而已。

然而，即使客观真相存在，不幸的是，我们的法庭不能保证每次都能查明客观真相。因此，我们会听到“有人逍遥法外”，也会见到冤假错案。这只能隐隐地表明某件事发生了，但是在法庭审理过程中并没有被证实。

★ ★ ★

Amy 律师分享

中国适用的是具有中国特色的刑事审判制度，兼具“纠问制”和“对抗制”的部分制度特点，但因法官在法庭审理中具有较大的主导权而更类似于“纠问制”的制度特点，所以我们追求客观真实，即真相。客观真实是司法证明活动所应追求的终极目标，而通过诉讼过程，依据证据规则确认的只是法律真实。法律真实应在最大限度内反映案件的客观真相，是应然而非必然。发现真相的方法仍然是依据证据规则审查证据。所以，对于律师来说，举证、质证同样重要。本章所述的举证、质证的技巧，亦可在中国的司法实务中灵活适用。

这里我只说现实是什么，而不想引起争议。正如我所承诺的那样，我只想实事求是，没有胡搅蛮缠，也没有“哲学思辨”。

法庭经过审理发现的是法律真相，并不必然是客观真相，即案件真相。法庭是一场有序进行的竞赛，其中有很多规则。如果你相较于对手能**更好地利用规则**，即使面对看似压倒性的证据，仍有可能取胜。最重要的是，知道怎样才能**更有说服力**。

★ ★ ★

司法体系的运转是基于这一假设：控辩双方实力相当、相互制衡，充分质证之后由裁判人员审查证据。

但是这个理论的缺陷在于控辩双方所具备的技能可能并不平衡，这也是常有的事。

你的任务就是要在讼辩技能方面争取比你的对手更强。

所以，你的工作是，试着每一天都做得更好。

一个好的律师可以打赢一个处于劣势的案件，在面对一个不那么优秀的对手时，尤为如此。

★ ★ ★

法庭上有表演，也有策略。或许不该如此，但这样的事情每时每刻都在各地发生。

为了定案，证人可能夸大其词，不承认自己的失误，担心这样会影响自己。律师要鼓励或质疑证人，这是他们的工作。即使案件看起来没有希望，他们也不能放弃。

但是对于优秀律师来说，没有完全绝望的案件。

律师总是试着在规则范围内打赢案件。

不论真相如何……

不论案件是否有希望……

更何况对于优秀律师来说，没有完全绝望的案件。

★ ★ ★

律师们会称赞那些在劣势案件中取得成功的律师，这并不是对辩护意见的认可，而是对律师技能的肯定。

请记住，在规则范围内，律师通过巧妙排除证据，经常会使案件发生**反转**。

通常情况下，在询问证人时，**知道什么不该问**更为重要。知道哪些地方会给你和当事人造成麻烦，要避开。

★ ★ ★

无论这是对是错，严格意义上来说，律师的工作并不是探寻真相。这可能看起来很可悲或不合逻辑，但从律师职业生涯开始的那一刻就理解这一点，是非常重要的。

如果这一切不是关于真相，那是关于什么呢？

★ ★ ★

第 4 章

赢

做律师就是要**在规则范围内赢**。

或许本不该如此。
但这就是现实。

目标就是赢。

赢的关键就是说服力。

我们都得努力，并且应当努力去赢，但是**永远、永远、永远要在规则允许的范围之内**。

★ ★ ★

Amy 律师分享

“赢”或“辩护成功”在我们国家与英美法系国家可能有不同的含义。唯结果论者会看到，无罪判决率在英国陪审团案件中约为40%，日本约为1%，而中国仅为万分之几（2022年数据）。在中国，律师不光要注重庭上辩护，更要重视庭前辩护。辩护成功不仅仅只是无罪判决，在更多的情况下是辩护人为当事人争取到取保候审、不批捕、不起诉、认罪认罚获轻判，或者通过量刑辩护得到从宽处罚，从而使当事人利益得以最大化，这些都应当理解为本章所说的“赢”。本章所述关于赢的规则，在中国同样适用。

法庭审理的证据规则和相关的法律规定，我相信你都掌握了，本书不再赘述。

★ ★ ★

在我看来，还有三个重要的执业规则。

这些规则都关乎态度。我不是在试图重塑律师协会的行业准则。这些准则需要仔细阅读，本书认为你已掌握。我只想强调**诚信**，这可能是**最重要的品质**。诚信的品质应点亮每位律师，并指引我们的思维方式。

我认为有三条原则，
应是律师的行为准则。

★ ★ ★

第一条原则：**你不应当误导法庭**。

你应当已经知道这一点。

这是一门应当在法学院里学过的课程。

永远记住，任何时候如果你对是否在误导法庭有任何疑问，你必须问问同事，或寻求律师协会等专业机构的指引。

经常请教他人。

误导法庭是严重的不当行为，也会触发正式的惩戒程序。

★ ★ ★

Amy 律师分享

不要误导法庭是英美法系中的一条律师执业规范。虽然表述不同，但在中国也有类似规定，如《律师法》第 49 条，《律师职业道德和执业纪律规范》第 19、22、42 条等。误导法庭包括向法庭提供虚假证据，哄骗、唆使当事人不当起诉，制造、扩大矛盾，诋毁对手律师或检察官，对案件进行误导性宣传，恶意炒作等。律师一旦实施上述行为，也会触发相应的惩戒机制。

不要说谎。

即使说谎意味着你的案子会赢，即使你认为不会被发现。

永远不要陈述任何你**明知是虚假的内容**。

永远！

我说的是**永远！**

你听明白了吗？**永远！**

如果你说了一个谎言，这里的谎言不是指提到一些可能不真实或是不清楚的东西，而是你**明知**它是谎言，**明知是谎言而从你的口中说出**，不论是多小的一个谎言，你也不该再进入法庭。

永远不能再进入。

我是认真的。我真的是认真的。

★ ★ ★

证人可能说谎。刑事案件的被告人经常说谎。但是，作为法庭上履行法定职责的一员（而这正是你的角色），依据她荣誉的要求，永远、永远、永远不应该说谎。如果律师的诚信有问题，那么整个司法系统就会崩溃。你必须对法官、陪审员、检察官和你的同行真诚相待，因为你一**旦失去她们的信任就失去了说服力**。并且哪怕你只被抓住一次，也没有人会再相信你了。

并且她们也会让你永世难忘。

即使你只说了一次谎，也可能陷入山崩地裂、电闪雷鸣、万劫不复的深渊。

请不要说谎。

关于这一点，我不会再多说了，只因为它如此重要，如此简单。

⋆ ⋆ ⋆

第二条原则并非如此正式，但却同等重要。

不对对手耍花招。

这是一个很难达到的境界。你对客户负有尽职义务。但是如果你对待对手很尖锐，你可能也无法履行职责。因为你的对手会因此对你缺乏信任，从而无法使案件朝着对你的客户有利的方向发展。

这里我们不是在讨论说谎的问题。我们讨论的是使用下流手段，表现得令人生厌、推诿、狡猾、狡诈、粉饰、虚伪和控制欲过强。

在任何时候，**别放下职业的尊严**。

★ ★ ★

一般来说，诀窍在于拒绝透露下一步计划，并且清晰表明你什么都不会说，而不是说一套做一套。

如果你说了你将会做什么事，你就应该去做；如果你说了你将不会做什么事，就不要去做。

如果你想提出法律适用问题，请提前一些通知对方。如果你有法律依据，请尽早提醒你的对手，而不是在临场搞突袭。

注重礼节、清晰明了。

根据经验，对待对手最好的方式，就是你希望被对待的方式。

过程比结果更重要。

★ ★ ★

为什么不想办法迷惑你的对手呢？

答案很简单。作为法律职业共同体，我们共同度过我们的职业生涯。同样的客户我们可能只见一两次。但是，我们的职业圈子很小。以耍花招闻名会扼杀你的职业生涯。这样的名声传播得很快，律师们都喜欢八卦。或许有那么一天，我们新接触一位检察官，她眯起眼来，莫名其妙地协商就无法推进了。很不幸，这源于“江湖”曾有你的传言。

在英国和爱尔兰，以及英联邦和普通法世界的大多数国家和地区，律师们在对抗之余还表现出了高度合作水平，我们都应该为之感到自豪。在法庭之外，她们加快审判流程使庭审得以顺利进行，使各方当事人和审判庭能够集中精力处理真正的争议。

希望这种传统能够延续。

不要因为耍花招而毁了它。

★ ★ ★

Amy 律师分享

与中国不同，英国不存在与法院并行的检察机关。英国的刑事案件主要由警察来进行侦查，而后交给皇家起诉服务中心来审查起诉，而为该中心提供指控服务的人员都是律师。一般来说，这些律师专门做起诉工作，不能做辩护和代理工作，她们的报酬是由政府来支付的。而对于重大疑难的案件，中心会聘请资深大律师来代理。这些水平较高的律师既可以做检察官又可以在另案中接受委托做辩护人。因此，本章中所提到的对手在英国法环境下指的是律师同行，而在中国可以理解为检察官。

在这些问题上合作，避免被对手认为使诈，她们就很可能会在一定程度上起到帮助作用，这意味着你将更有效地办案。作为法律战役中的**骑士**，应当弘扬骑士精神。我们给予彼此一个公平竞争的机会，从而让你最好的论点得以推进，而非陷入更衣室里的争吵。

当审判庭看到你公平对待对手，她们会认为你更可信。因为你值得信赖，进而更愿意听取你的观点。这意味着你更具说服力，而这正是客户聘请你的目的。

★ ★ ★

Amy 律师分享

在英国，控辩双方的律师上庭需要穿律师袍，所以法院会专门为律师们提供更衣室，控辩双方的律师们通常会在更衣室中就某些案件问题交换意见，因此，更衣室也成了控辩双方交流的地方，从而形成了特定的法庭文化。

请不要将此与为了维持友好关系而出卖客户相混淆。这可不是本书所建议的。

你对客户的义务至关重要。但请记住，履行义务必须符合规则。规则要求你不得误导法庭。同样还有一条不言自明的规则，就是你不能故意欺骗。

不要说谎，除非你有非常好的理由，并且可以解释清楚，也不要违背你的承诺。不要说任何你打算事后反悔的话。

正像我说的，别放下职业的尊严。相比说一套做一套而言，更好的做法是拒绝回答，并且清楚地表明你什么都不会说。

★ ★ ★

第三条原则：**你应当永远像法官一样思考，而不是像委托人那样思考。**

为什么呢？因为这样你可以避免过于偏袒某一方。

被人们认为不过于偏袒很重要。在法官和陪审团的眼中你会因此而更可信，你的观点也更有可能得到支持。

代理某人和站队支持某人是完全不同的。你的工作是谨慎代理客户，而非如劣质黑白B级电影里的雇佣杀手那样将对方赶尽杀绝。

★ ★ ★

做决策时你应当思考这些问题：

法官会怎么考虑这个问题？

或者陪审员会如何理解以下信息：

案件的基本情况，

被告人的行为举止，

或者被告人的母亲作为品格证人的证言？

你的想法不应当是：

我希望法官做什么？

也不应当是：

我如何能在法官面前蒙混过关？

也不应当是：

我试试运气。

或者另一个看待问题的角度是问问你自己：

如果我是法官，我怎么想？

★ ★ ★

我们再来问一遍：

如果我是法官，我怎么想？

问题不应当是：客户希望我做什么？

★ ★ ★

这里需要避免的是像客户一样思考。客户聘请你是希望你能预测和影响庭审中将要发生的事情。不管客户是小偷、警察，还是经营数百万生意的企业家，客户都希望你能为她着想。希望你能尽最大努力维护她的利益——而最终的决定权在于审判庭。

然而，有时客户似乎想指挥律师在法庭上如何行事，这在律师和客户之间营造了一种紧张的气氛。请记住，在保持谦逊的情况下，掌握着审判庭思考问题方式的你，才是能最好地维护客户利益之人。如果我们万事都按照客户的要求去做，法庭就会变成一个马戏团。

你的工作就是在取悦客户和取悦审判庭之间保持平衡。取悦审判庭通常对你的当事人有利。不要激怒客户，但同时也不要为一个难打交道或缺乏经验的客户不假思索地代言，进而破坏整个庭审的进程。如果你能预测法官的思维方式，你就能精心设计你的辩护意见，以迎合法官的预期，解除其忧虑，并具有说服力。

别忘了，你才是接受过专业训练的那个人。

★ ★ ★

如果我们按规则行事，那么你的职责就是在规则允许的范围内取胜。

这些规则包括法律规则、证据规则、律师行为准则以及讼辩规则等。你应当知道法律规则和证据规则，以及律师行为准则。但在你的整个职业生涯中，你都依然会持续地学习讼辩规则。

所以，在规则允许的范围内，你的职责就是要赢。

但不是不惜一切代价。

你必须时刻遵守三条原则——不要误导，不要花招，永远像法官一样思考。

记住这三条原则，现在你要为你的案件而战斗，并且是堂堂正正地战斗。

仅仅像个局外人一样处理案件是远远不够的，律师必须全情投入。

当然，我们最终可能会失败，但那也是无畏的失败，奋力拼搏过，就毫无遗憾。

★ ★ ★

还有，请记得，有些律师会带着看似轻松的微笑宣称他们不在乎输赢，只对案件的证据感兴趣。这是一种时髦的说法，让她们看起来不那么锋芒毕露。

别相信这些话。

★ ★ ★

第5章

审判庭心理学

审判庭有着巨大的权力。

这是一种决策权。

决定哪一方将取胜。

你没有这种权力。

你并不是最终的决策者。这项权力属于审判庭，审判庭将全力维护他的决策权。律师必须永远避免让人感觉他在指导审判庭做决定。

“指导”是完全错误的。

我们的工作并不是**告诉**审判庭该想什么；

我们的工作应当是向审判庭**展示**该想什么。

告诉和展示之间有着巨大的区别。

★ ★ ★

那些告诉审判庭应当怎么想的人，是在指导审判庭。

那些向审判庭进行展示的人，是在协助审判庭。

没有人喜欢被说教。

但所有人都喜欢被协助。

律师应当努力让审判庭相信他们是在为审判庭提供帮助。一旦他们认为你在提供帮助，说服他们就会容易得多。

要避免被审判庭视为“角斗士”。你很难说服那些认为你在和他们 PK 的人。要小心，不要让人觉得你是在反对法官、检察官或证人。当你这样做时，人们很容易认为你是在较劲。

当然，我承认你是为诉讼一方服务并努力为他们在规则之内取胜。但是，请尽量不要表现出来这一点。在向审判庭陈述时，请将“帮助”一词放在首位。

★ ★ ★

“帮助”这个词可以再往下延伸。应当突出我们是“帮助者”的角色。

审判庭更倾向于支持“帮助者”的诉求。

想象自己是一个导游，我们为审判庭指引回家的路，我们为他的旅途提供便利，而且我们的路径更便捷。

我们不是站在审判庭面前与之对视，试图用我们的观点来对抗，而是站在一旁。就像是用一只手臂环绕着其肩膀，充满敬意地提出我们的建议，审判庭可能会认为我们说得有道理。我们要帮助审判庭做决定，而不是让其难堪。

★ ★ ★

你脑海中要记住的另一个词是，

毫无疑问的，

不容否认的，

毋庸置疑的，

无比重要的，

这个美妙非凡的词就是：

无法抗拒。

让你引导审判庭回家的路无法抗拒。

让他们不得不心甘情愿地站在你这边。

永远，永远，永远在你的论点中寻找让人无法抗拒的地方。这是一个伟大律师的标志。

这一点不论怎么强调都不为过。

一个伟大的律师不是一个靠大声争论取胜的人，也不需要是一个看起来明显具有智慧的人。事实上，他应当是那种总能说出让人无法反驳之言的人。

简单，直接，就是正确。

★ ★ ★

就好像律师并不存在，法庭上只有观点，并且关于该观点的结论应该很明确。

在某种程度上，做一个不露锋芒隐身在观点后面的律师。

不露锋芒。

当然，结果往往并不明显。直到一个完全无法抗拒的观点被提出来，让人觉得从开始就没有什么可争论的。

这需要技能，真正的技能。

★ ★ ★

让你的观点令人无法抗拒。

做一个隐身在观点后面不露锋芒的律师。

你不是一个“角斗士”。

永远不要强迫审判庭——相反，悄悄地为其指明道路。

★ ★ ★

请不要忘记!

如果你能够学会做一个不露锋芒的、令人无法抗拒的律师，并为审判庭指明道路，人们会在心里为你树起一座雕像。

★ ★ ★

好吧，这是我不想让你错过的东西。

所以我要再重复一遍，对不起，这就是我让你们抓狂的地方。

我正在努力把这些重要的想法植入你的大脑。

有些人认为，做律师的要义就在于强迫，强迫别人同意你的观点，不论别人是否喜欢。

我认为这是完全没有道理的。

并且我认为，永远不要去强迫别人。

说服审判庭，是请求，不是命令。

如果你一意孤行，可能适得其反。想想看，在酒桌上如果你把观点强加给别人会发生什么。

★ ★ ★

以下是你在法庭高谈阔论时审判庭的想法：

我想说……

——谁在乎你想说什么……

我认为……

——谁关心你怎么认为……

你们必须同意……

——是吗？我们必须同意吗？

你们会判决被告人有罪……

——别急，律师，我们还不确定我们是否喜欢你这么说……

★ ★ ★

把你所有的表述都伪装成**请求**。这样**看起来**不像是你在强迫人们赞同你的观点，相当于以更有效的方式推进你的案件。听者会觉得你只是在表达他们的想法，即使他们还不知道他们真正想的是什么。这样，他们会更容易接受。

你们可能认为……

——是的，我们可能这样想……

你们可能同意……

——听起来确实是这样……

我请求你们判决他无罪……

——虽然很难，但说得很好，我们得好好考虑一下……

★ ★ ★

永远不要忘记**面子**。

这里我说的是法官的面子，不是你的。你的骄傲是可以牺牲的。

不要让法官陷入尴尬的境地，**永远给审判庭一个保全面子的台阶**。

如果法官已经就他对案件的处理意见给了初步的暗示，那么你在争取对你方有利的结果时，需要清楚地知道，如果你的主张与他此前的想法冲突，他可能很难采纳你的意见。

这关乎人性。法官也是人。

★ ★ ★

你应当为法官提供一个台阶。

可以是促使法官改变看法的新证据。

或者是找到此前未能发现的法律依据，正好可以支持你的观点。

又或者仅仅是你在之前提交的文件中犯了低级错误，希望得到一个补救的机会来表明你的观点。如果法官此时改变了主意，他可以认为问题出在你身上。这样你就可以既赢得官司，又保全了法官的面子。

以上这些做法都比简单地强调法官做错了要好得多。

★ ★ ★

如果发生这种情况：法官在你向他陈述之前就已经表达了自己的观点，那就赶紧**自己揽责**。

告诉法官，因为你没能早点提出这些观点，没有完全把注意力集中在这些事上，而向他道歉。无论如何，你需要为法官提供一个保全面子的方法，法官不会认为是因为他的过错导致案件发生了颠覆性的变化。

不要去对抗他们，你会输的，你应当帮助法官。

不要去挑战他们，都是你的错，而不是法官的错。

责备自己不是软弱，不是畏缩，也不是奉承。做到这一点需要力量、自信、无畏、刚正不阿。

★ ★ ★

所以，我们再讨论一下刚正不阿。

刚正不阿是指诚实的品质，具有强烈的道德原则。即使你的私生活一团糟，但为了能让自己在法庭上发挥作用，你必须被认为拥有这种品质。如果你遵守规则，被认为是在帮助法官，而不是在装模作样和咄咄逼人，那么人们自然会认为你是一个刚正不阿的人。审判庭会认真听取你的意见，从而也给了你说服他们的机会。

★ ★ ★

所以我们这里说了三种品质：

刚正不阿、

不露锋芒、

无法抗拒。

以上都是伟大律师的标志。

努力去实践吧。

★ ★ ★

结合前三章，我这里想提出三个目标：

真相、

验证、

信任。

优秀律师会意识到他的工作核心并非发现**真相**，而是判定证据是否达到了证明标准。司法系统就是通过这种验证方式来发现真相的。为了有效地说服法官，使之认定证据达到了证明标准，律师就需要得到审判庭的信任。

要想得到审判庭的信任，优秀律师需要有以下品质：

刚正不阿、

不露锋芒、

无法抗拒。

★ ★ ★

这就是本章的全部内容。

你并不是想成为一名剑拔弩张、大喊大叫的“角斗士”。

这一切与你和你的自尊心无关，你是无关紧要的。

当你知道自己一定会赢时，仅让他人感受到你的存在和人格足矣，永远不要表现得好胜，除此以外保持低调，赢得竞争靠的是常理般的观点，而不是华丽的表演。

所以，为了说服法官，我们需要遵循三套规则，即前文提到的：

三条原则

三种品质

三个目标

有了以上三套规则我们便可以去说服他人。

下一章我们再多讲讲说服力。

★ ★ ★

第 6 章

说服力

讼辩，也就是你的工作本身，是一门说服的艺术。

你的工作是说服承办你案件的审判庭，

并不是向她们喊叫，

不是去呻吟，

不是去抱怨，

不是去耍小聪明，

而是去说服。

★ ★ ★

Amy 律师导读

文中说服的对象是审判庭，包括专业的法官，还有陪审团。

中国没有陪审团，但我们有人民陪审员制度，《人民陪审员法》还规定了七人合议庭制度，由三名法官和四名人民陪审员组成。

说服陪审员可以适用文中说服陪审团的方法，但因人数和制度的不同，度要把握好。

在中国的法庭上，目前我们主要的说服对象可能仍是专业法官，但对陪审员的说服工作也应当予以重视。

说服专业法官和说服人民陪审员的方法有所不同。

对专业的法官，一个点只说一次即可，不必要的重复是对法官专业能力的亵渎，体现三种品质：刚正不阿、不露锋芒、无法抗拒，保持职业操守。

对人民陪审员，应吸引其注意力，保持其关注度，将观点尽量讲透，使其充分理解。

莫利大法官对说服力的见解非常独到、透彻，大家可以领悟其中精华，在实务中灵活运用，相信会受益匪浅。

★ ★ ★

什么是说服力?

如何衡量有效性?

有无提升的技巧?

★ ★ ★

下面是我对庭上说服力的看法。

当法官按照证明责任及证明标准裁判案件时，如果她选择采信某位律师的意见，就说明这位律师有说服力。

我可以再重复一遍。

当法官按照证明责任及证明标准裁判案件时，如果她选择采信某位律师的意见，就说明这位律师有说服力。

请注意，说服力不是倾向性。

说服力的核心是证明责任和证明标准。陪审团可能倾向于相信控方证人，但不确定定罪是否达到了刑事证明标准（排除合理怀疑）的程度。虽然她们可能倾向于支持控方的主张，也认为这样做大概是对的，但是，考虑到控方承担证明被告人有罪的责任，所以陪审团不能以民事证明标准（高度盖然性标准）做判断。重要的是，在决定是否有罪时，不论她们心中倾向于哪一方，以指控是否达到刑事证明标准来衡量，辩方依然会获胜。

★ ★ ★

因此，律师必须首先**说服法官明确证明标准**。

在刑事案件中，对控方而言，必须排除合理怀疑。对辩方而言，仅需证明有合理可能性即可。

经常听说律师们互相谈论案子，不过确实没有律师在讨论证明责任和证明标准。控方时常说她们的主张显然是更为合理的解释。但是，那是唯一的解释吗？这才是问题之所在。辩方时常担心从证据上看陪审团很难相信辩方的意见。但是，陪审团能够确信被告人是在撒谎吗？这可能才是问题之所在。请大家记住，让陪审团说她们确信被告人在撒谎比让陪审团说她们难以相信该被告人更难，这两者往往不是一回事。

想想我刚刚所说的。

★ ★ ★

我们经常在检察官发表公诉意见时听到，检察官请法官考虑受害人的伤与指控被告人挥拳击打所能造成的伤相吻合。然而，真正应该考虑的问题却是，被告人挥拳击打受害人是不是造成这个伤害后果的**唯一**原因。

正如辩方会提出来的，受害人绊在障碍物上跌倒会不会造成同样的伤害？

又或者，前述伤情的一致性仅仅是一种可能吗？

检察官简单地主张被害人的伤情和被告人用拳头击打造成的伤害是一样的，这就可以说服法官了吗？

不可以。

★ ★ ★

如何衡量说服力呢？

通过让法官

真正地、

　　真正地、

　　　　真正地、

　　　　　　考虑你的主张。

律师是无法在所有的主张上都获得胜利的。

如果缺乏好的证据，就无法让人相信本方的说法，因此相关的主张会无法得到认可。

有些主张成立甚至不需要法官多加思索。律师常常称这类主张是不证自明的，在此类案件中律师的作用就相对小些。

但是，大部分的主张还是需要律师去说服法官的。那些看似显而易见的说法可能会被一个有说服力的律师全部推翻，因为她说服了法官去**真正地**、**真正地**、**真正地**考虑她的主张。

★ ★ ★

不要相信有些律师所说的“律师并不重要，证据才决定一切”。她们这样说，要不就是因为她们太过谦虚，要不就是因为她们还不够优秀。

富有技巧的发问、准备充分的总结陈词是可以带来翻天覆地的变化的。

至少可以让法官真正地、真正地、真正地进行考虑，这正是你的最低目标。

★ ★ ★

提高说服力的技巧有很多。

这些技巧可以通过学习来掌握。

大多数情况下，而不是所有的情况下，这些技巧都能够奏效。

★ ★ ★

我们先来谈谈个人形象。

每一个律师都是一名销售，其所推销的是自己客户的故事。这听起来或许一点都不“高大上”，但这就是事实。更糟糕的是，很多时候你要卖的故事可能并不好卖。所以你必须是一个非常能干的销售才行，而不是一个平庸混日子的销售。

有一些显而易见的方法，因太浅显而容易被忽略。

这是不应该的。

★ ★ ★

穿着得体。这是显而易见的。

头发整洁、穿深色衣服，就像去参加工作面试一般，或是像去参见女王陛下。毕竟，这也就是你在做的事，你进入的正是女王陛下的法庭。

不要在你的穿着上有所怠慢。每一天你都是主角。展示给大家看。确保你穿的衣服让你看上去正式且出众。

★ ★ ★

穿着出众会让你**看上去像个赢家**。法官们会情不自禁地去关注那些看上去像赢家的人。而这个时候，你甚至都还没有开口，就已经赢得了她们的关注。这就是基本的人性。

还有一件你不费心思就能想到并且会为之会心一笑的事情，那就是穿一双擦得锃亮的好鞋。

不知道为什么，一双擦得锃亮的好鞋尤为重要。可能为了避免看起来咄咄逼人，人们在谈判时，抑或跟客户或对方谈话时总是往下看。往下看时就会看到对方的鞋。鞋子被别人记住的频率是出乎意料的高，邋遢的鞋子尤为如此。

另外，如果鞋子整洁，意味着“我是这场游戏中的王者”，这很可能让他人产生自我怀疑。这正是你想要的，你已经赢了。

★ ★ ★

有人可能觉得穿擦得锃亮的鞋有点搞笑，但我本人却对此深信不疑。我一直都没有忘记在学校时经常说的一句话，应该是作者米勒在《推销员之死》一书中写道："面带微笑、鞋面擦得锃亮，你将拥有全世界。"他大抵是对的。他娶了玛丽莲·梦露为妻，所以他在这方面肯定是有点见地的。

建议穿白色或浅色衬衫。颜色太多，会让你显得浮夸（你可能这样做过，很多律师都那样穿，但是，你必须收敛一下）。如果法官认为你看起来浮夸肤浅，她们通常本能地对你心生反感。

现在，你看起来像一个赢家。

接下来要做的，就是在行为举止上像个赢家。

★ ★ ★

在法庭里最重要的人当中，除了法官之外当数书记员。

书记员。

书记员控制着案件名单，通常也由她来协调你的案子何时开庭审理。如果你对书记员态度蛮横、趾高气扬，不但你的案子会被往后排期，而且书记员对你举止的看法也往往会被报告给法官助理，法官助理也可能把这些看法当作法庭八卦一般说给法官听。但凡有人存在的地方，大家性格各异各自面临压力，难免会聊聊闲话。你应该不会希望你的法官在看到你之前就对你心生反感吧。

讼辩技巧并不是要等到法官落座后才展开的，而是从你迈入法庭那一刻就已经开始了。你的一举一动，都是你个人形象的展示。客户、法官助理、旁听者，还有书记员，无一不是你的观众。如果你已经看起来像个赢家了，那就在行为举止上像个赢家，但切忌傲慢、做作。

此外，做好下一步也很重要。

★ ★ ★

体态。

★ ★ ★

不断在脑海里提醒自己：体态、体态、体态、体态……

★ ★ ★

时刻记着注意自己的体态。

可能我有点过度强调体态。在我给出的诸多建议中，我想让你记住体态的问题。它非常重要。有意识地控制自己的举止，毫不犹豫地去利用法庭里的空间。

你的动作应该有意为之。

抬起头来。

不要蜷缩身体。含胸驼背会让你看起来很懒散。

只要把头抬起来就会有很大的改观。不管你是靠着胳膊肘、稍微靠着座位，还是在法庭上讲话，不管是什么姿势，只要抬起头来，你就会看起来很专注，很有气场。很简单对吧？这时你都还没有开始讲话呢。

★ ★ ★

小动作有很多种，要避免。不要玩笔，别涂涂写写，尽管这种冲动有时会让人无法抗拒，但要小心被发现。

在跟法官讲话时不要拉扯你的西装。

坐着或站立时不要前后晃动。

讲话时不要乱翻文件，这很烦人，只会弄乱你的卷宗。

我们当中很多人察觉不到自己的小动作，但这对旁人来说却是异常显眼的。问问你的对手和同事，你是不是一个有小动作的人，虽然可能面对尴尬的回复，不过最终这会是很有帮助的建言。

如果再做得好一点的话，在家里录下自己讲话的视频。现如今大家的手机都有录像功能，设置一下，看看自己是不是很有魅力。

来，试试吧。

★ ★ ★

把双手放在桌子上，拿着纸笔做记录，不要把手藏到桌子下面，看起来太随意。

双手是个麻烦事，它们就像障碍物一样。手放到脸上、托着下巴、交叉在胸前、放在嘴边、摸摸耳垂、挠挠鼻子，就将我们与证人或法官隔开了。是的，这就是在躲藏，将我们的脸和感知与听众之间隔开了，这是自我抹杀的一种方式。就好像在玩躲猫猫，遮住眼睛或者把手放到眼睛旁边，像小孩子在说**我看不到你，你也看不到我**。

当我们坐立不安时，我们的肢体语言会表现出来，虽然自己察觉不到，但法官却能一眼就看出来。

总体来说，双手若不受控制就会传递不好的信息。它们会暗示尴尬、对案件缺乏信心、弱势等。如此一来，我们就会被法官忽视。

不、不、不！坐正了、挺直腰、抬起头、发型整洁、穿着得体、控制好双手，尽情享受你占据的空间，享受整个法庭对你关注的目光。

★ ★ ★

如果你不得不以坐立不安的姿态来缓解紧张，那就狠狠地**扭动你的脚趾头**。

这样做感觉上有点疯狂但确实非常管用。

当你一边在法庭发言一边扭动着脚趾头的时候，大家就看不到你坐立不安的样子。这样既不会被他人觉察，又足够分散你的注意力，让你的脑子无法去考虑其他事情。

或许听起来有点蠢，但这却是一个绝妙的小窍门。

★ ★ ★

如上所述，**不要躲藏**。

在法庭上讲话时，很容易就会在桌子旁蜷缩身子，或耸肩、低头。

这样做虽然与遮脸躲猫猫不同，但也是把自己给藏起来了。

这种情况下，你是在尽量占用最小的空间，就如同蜷缩在一个小洞里，把自己给藏了起来。

这样展示的是你的恐惧。

不管你害怕与否，都不要表现出来。

我们重申一下：去享受你所占据的空间。

自己默念：**我将稳如磐石，任大风呼啸、海浪侵蚀，我自岿然不动**。如果做得好，就不是傲慢，只会彰显你的坚定。

★ ★ ★

现在来说一个非常重要的事情：你必须与法官进行**眼神交流**。

无论法官是治安法官，

或是区法官，

或是巡回法官，

或是陪审团，

或是高等法院法官，

或是上诉法院法官，

或是最高法院大法官，

或是上帝本人……

眼神交流！

这一点再怎么强调也不为过。

那么我们再呼吁一下：**眼神交流**。

看着你的法官。看着陪审团的每一个成员。

★ ★ ★

许多律师都低着头，避免眼神交流，尤其是与法官。

不过，法官也是人。

请看着她们讲话，而不是看着你的笔记。辩护不是抽象的智力活动，而是要去说服别人。

没有人能看着地板讲话说服别人。

因此，如果有帮助的话，把笔记拿到胸前，而不是把它们放在桌子上，那样的话你会经常往下看。把笔记拿起来，你可以时不时地扫一眼，顺着笔记讲，同时也能保持正常的眼神交流，以此来减少自我隐藏。

同时，把笔记举起来还能让你那双尴尬的手也有点事儿做。

另外，如果还是感到怯懦的话，就去看那第三只眼睛，把你的目光放到法官双眼中间向上一点的地方，这是有点狡猾的小伎俩，法官会认为你在很认真地跟她做眼神交流，因此也会有所回应，但事实上，你并没有看她，这样也许会让你感到更舒服一些吧。

★ ★ ★

讲话时，用丹田发声，而不是用喉咙。

丹田发声会更有力，传得更远，听起来也不会像吼叫一样。另外，声音也会更深沉。越深沉的声音就越有说服力。为什么？这是个谜，但就是这样。轻声细语听起来悲伤、微弱、绝望，似乎是呐喊或尖叫、声音会失控，但最糟糕的是你讲的话很难被听清，最后也就被忽视了。

越发深沉的声音自然也会传递得**慢**，但也并非像蜗牛那么慢，听众反而可以更容易听到并领悟声音所传递的信息。究竟慢到什么程度比较适宜，之后再议。目前来看，一个总的原则是讲得慢总比讲得快好。

★ ★ ★

曾经有人说，身体前倾至和地面呈84.5度，这个角度被戏称为最具说服力的角度。

★ ★ ★

不管可笑与否，这是真的。

84.5 度，或 84.5 度左右。

如果你以 90 度角笔直地站着或坐着，给人的感觉是你在往后倾斜。或者让人感觉有点冷漠。

适当前倾表示你希望与法官交流，让你显得积极、笃定、冷静，对自己的发言深信不疑。我们看上去相信自己讲的是正确的，理智且值得信赖，非常希望自己讲的内容能被完全接受。

这或许是你听过的最奇怪的建议。

可能是吧。

但确实奏效。

不妨试试。

★ ★ ★

辩护的时候通常是坐着的。

问题是如何坐得让你看起来更有说服力。

要做到三点：

1. 采用最强说服力坐姿角度，84.5 度。身体前倾，背部挺直，以最佳的角度向法庭倾斜。

2. 背部挺直，不要无精打采，双手放在纸上或桌子上，而不是放在脸上，双膝分开，双脚落地，脚跟略微抬起，重心落在脚掌上，脚趾指向关注的对象，不管是证人、控方、还是法官，脚在看不见的桌子下面，就像鹰爪一样，根基稳健，充满能量。

3. 用眼神交流，保持头部不动，不要低头看笔记，因为你坐着笔记会离你很近。用眼睛把观众吸引到你的话语中，就像《奇幻森林》中的卡奥[1]。

站立的体态，坐立的姿势，都在有力地展现你自己，能让对方感觉到你的能量和兴致，站着是威严的，坐姿展现实力，积极而魅力十足。那么，我们讲到哪了？

★ ★ ★

---

〔1〕 2016 年迪士尼动画片《奇幻森林》中的蟒蛇卡奥，具有蛊惑人心的声音和令人陶醉的眼神。

我们都还没有开口讲话，但已经充分吸引了法庭上的关注：

我们穿着得体，

抬头挺胸，

不躲避，

管好自己的双手，

举止有方，

无人知晓地扭动脚趾头，除此之外再无小动作，

声音深沉一点、讲慢一点，

保持眼神交流，

稳如磐石，

并保持最佳角度。

我们看上去充满自信。事实上，我们可能会感到担心、尴尬和不安。只要我们不表现出来，内心感受并不重要。

假装自信。

之前讲过的技巧就是帮助你做到这点的。

★ ★ ★

所以到现在，法官会认为我们是有说服力的。

我们看起来不错。

是时候开口了。

★ ★ ★

接下来是**个性**。

你一旦开口，人们就会不自觉地开始审视你，
这是自然而然的。

不要试图去变成别人。

作为律师，只需要记住法律规则、证据规则、行为准则、举止得体，同时每时每刻尊重法官。

恪守上述准则，做你自己。

无须去改变自己的口音。如果你习惯用手势，要在确实有帮助的情况下合理地使用手势。调整你的语调和语速，就像正常谈话一样。

筹备规划的工作，不只针对案件本身，还包括你本人。

★ ★ ★

这是一个经常困扰律师的地方。一方面，开庭不像喝早茶，可以开心聊天、轻松说笑。但另一方面，你周围也都是活生生的人，人们基于个性彼此建立联系，你的个性就是法官和你建立联系的最好窗口。

讼辩不是一门科学，它是一门艺术。讼辩技能，不是把我们的个性隐没在冷冰冰的发问提纲和精心准备的辩护词下。向证人提出措辞准确的问题时，如果发问的方式既无聊又单调，通常不会达到预期的效果。因此，你是否以平常人的方式去沟通，远比你所讲的内容更为重要：人们关注的是你的讲话方式、语气、表情和肢体语言。

★ ★ ★

试着闭上眼睛去听一段论述。

你马上就能感觉到这段话大为失色，仅剩语调还能辅助你进行判断。

然后，若闭上双眼去听一段电脑发声的单调讲话。

简直是一场噩梦。

一个案件不仅仅关乎证人和证据，

它也是关于你的，

因为你在为别人发声。

如果你试图成为别人，你将失去自己的可信度。没有可信度，你就不会有说服力。所以，做你自己。

这意味着，通过声音的音调变化来展现你自己。**语气变化**让你富有个性，也让别人更容易聆听。

如果你希望能更好地被人们所接受，请用你自己的方式，用你自己的语言。

★ ★ ★

到目前为止，如果采纳了上述建议，法官将能够以开放的心态认真地听你讲话了。

现在我们进入说服艺术的一大艰深领域——**招人喜欢**。

★ ★ ★

如果有可能，

即使某些案件中未必能实现，

律师应当设法让审判庭喜欢自己。

人们更同情她们喜欢的人，这是人的本性。带着同情心去听，会更容易被说服。

被你的对手喜欢也会很有帮助，被对手喜欢意味着能够更好地对案件做整体规划，避免被突袭，甚至偶尔可以说服对方接受对自己有利的证据。

但是，招人喜欢的重要性远不如把客户的利益放在首位。

如果招人喜欢和客户利益之间有冲突，那就把客户的利益放在首位。

再次强调：

绝对不要把招人喜欢置于客户利益之前。

★ ★ ★

绝对不要。

这听上去挺显而易见的，但做起来却不容易。我们会被资深的对手或难缠的法官镇住。想要保持友好，乖乖顺从似乎是最好的选择。在这种压力下得到的暗示甚至可能是：尽管某个观点对真正有能力的律师来说十分重要，但此时你却不得不在这个观点上让步。

此时你要务必万分谨慎。

现在你需要做出判断。

客户请你就是看重你的判断力。要想有所成就必须学会判断。作为律师，这是你最需要拥有的能力。是否具备这个能力往往取决于个人的天赋、感受、常识、对法律的理解、经验以及适时地变通。这是他人无法传授的。

★ ★ ★

我们每个人都必须有信心能在面对问题时作出自己的判断。

我们每个人必须具有绝大多数情况下准确判断的能力。正如我所说的，我无法授予你天赋，但是我会教你如何参考别人的意见。

不同律师对某一问题可能会有不同的看法。如果你认为必须坚持某个观点，并且在认真聆听法官的看法、听取对方的观点、参考别人的意见之后，你仍认为不应改变自己的观点，同时也能承担不受喜欢的风险，那就坚持自己的判断，无须屈从迎合。

★ ★ ★

这是成就律师的基石：

坚持自己的判断，不随波逐流。

★ ★ ★

当然这说起来容易，做起来难。

这需要勇气。

律师需要富有勇气。

问题在于：什么时候你的判断是正确的，什么时候是错误的？

咨询一下案外律师是不会错的。这是法院更衣室、有律师同行的会议室或办公室的最大优势之一。所以，四处问问。

★ ★ ★

四处问一问吧！

但是，务必讲清楚所有相关细节。别人基于一半的事实得出的观点不仅可能毫无用处，甚至可能会很危险。

为了获得有意义的帮助，你必须提升这方面的能力。这很重要，务必留心。**让自己可以简明扼要地介绍所有的关键点，做到准确全面，包括你可能已经出错的地方。**

你可能需要练习一下，这与自我防备的本能相抵触。在办公室讨论时，**放下防备**是很重要的，这不是一个向别人炫耀、耀武扬威、博取利益的机会，你必须把自己的情况毫无保留地告诉同事。做到坦诚、客观。

你必须提出对对方最有利的点，指出为何它们可能会对你方不利，你必须表明你可以站在对方的角度看待案件，你必须像法官而不是像客户一样考虑问题，这些我们之前讲过的。除此之外，你必须非常仔细地倾听别人的意见，不反驳，相反，要去理解、去权衡、去思考。

如果你能做到这些，深究问题、放下防备、从不同的角度去看待问题，那么你即将成为一名合格的律师。

★ ★ ★

尽管你四处听取他人意见，但有时你还是无法被他人说服，这时你必须坚持你的观点。

天啊，别人会不喜欢你了。

这种情况下，**你必须确保自己被尊重。**

★ ★ ★

一个不被尊重的律师是没有可信度的。没有可信度，就没有说服力。

与法官或对方争吵是失去他人尊重最快的方式，包括提出不假思索的无聊观点、对证人蛮横霸道，对司法人员耍花招、愤怒、讥讽、浮夸。

很奇怪，这种情况确有发生。

时刻提防。它会不知不觉出现在你的身上。

★ ★ ★

为了保持尊重，只需记住两件事：

尊重法官，

并且在任何时候对任何人都要彬彬有礼。

礼貌不代表弱势。古人说，不知礼，无以立。礼貌自带吸引力，有礼貌通常会让你招人喜欢。

这招很有成效，因为礼貌会让对方觉得和你在一起很舒服，对方反对你的时候尤为如此。所以，记住这些，如果你没有礼貌，那就学学吧，粗鲁和咄咄逼人不是好的辩护。

尊重别人不代表弱势。面对难以沟通的法官，尊重是唯一的解决之道，没有其他出路。

因此，**千万不要对你的法官发脾气**。

发脾气或许会让你好受些，但你会输掉案子。

你或许认为自己特别占理，但你会输。

★ ★ ★

如果你和法官对着干，一定会有人丢面子。不幸的是，法官总是有权决定是谁，永远都是你。

但是，如果保持尊重和礼貌的态度，就没人需要丢面子，在某个点上获得支持也变得容易些，也就可以慢慢地、慢慢地把法官那犹如巨大且无法阻拦的海上巨轮般的看法扭转过来，这样做没有人会感到尴尬。

扭转海上巨轮并不容易，但也有可能。在法庭上，做到有礼有节，而并非大吹大擂。如果你告诉一艘海上巨轮它的方向错了，它仍会继续向你驶来。而且，你不过是一艘小船，即使你是对的，你也会陷入困境。因此，正如我们上面讨论过的，努力去寻找一个不让法官丢面子的方式去表达观点。

★ ★ ★

如果你给法官留了面子，你将获得法官的尊重。

如果你不能被人喜欢，请确保被人尊重。

对法官大喊大叫将使你失去别人的尊重。

一个受人尊重的律师，即便有时不是最受欢迎的，也是可靠的。

可靠的律师是有说服力的。

一个大喊大叫、丧失尊严的律师是毫无作为的。

★ ★ ★

另外一个确保被人尊重的方法是：**尽早向法官证明你的能力。**

如果你的能力从一开始就得到了认同，那么即便后来有些小失误，也不会丧失别人的尊重。

找到一个证明自身能力的方法。

积极寻找简单的小事，尽早去做。

通过一些不会引发争议的事，向法官表明你对你正在做的事很在行。这可能是你对程序性事项的时间安排，可能是你整理的化繁为简的法律关系图，或是对在案证据所存在的重大问题所做的梳理。无论做什么，只要有助于你的信用值增长即可。

★ ★ ★

当你开口讲话时，保持简明扼要。

简洁的言语，比使用大词、长句、从句、虚拟条件，以及其他方式的表达更具说服力。上述这句话就证明了这一点，它太长了。

保持简明扼要。简单的句子都是短句，很容易理解。法官只有理解你了，才能被说服。最复杂的案子，或是最学术的观点，一般都可以归结为简单的句子，字斟句酌便可。

★ ★ ★

律师可能很喜欢用生僻词。仿佛我们必须通过庞大的词汇量去证明自己的专业性、展示自己的学识、显示自己是如此聪明。

我们花了很多年的时间去学习诸如犯罪动机、犯罪行为、恶意、过失、挪用、主观预见、盖然性优势等之类的词汇。这些对于作为证人的普通人来说往往毫无意义，要尽可能地避免使用它们，当然跟法官沟通除外。

但是，即便是对法官，也仅仅应在确实有必要的时候使用。

寻找其他的方式去解释你所要表达的意思，就像是在一个友善的周日午餐会和新朋友交谈一样，不要表现得高高在上、大肆炫耀。

有一个很好的建议，就是把你的听众想象成是一群在学校表现优异的 15 岁学生，针对这一水平的受众去讲，而不是针对教授水平的高知人士，你自然就会简化自己的语言。这也意味着，你的话会更容易理解。如果你的话很容易理解，你可能就更有说服力。

尝试简化语句不代表轻蔑、歧视，即使是在上诉法院也是如此。但是使用生僻词汇表达复杂难懂才是轻蔑、歧视，别人的感受是，她们太愚蠢了以至于无法理解你所讲的内容。事实并非如此，反而是你自己太愚蠢了以至于无法简化语句。所以，就像我说的一样，把你的听众想象成是 15 岁的小孩儿。

★ ★ ★

警察常用奇怪的词语，可能是希望使她们所提供的证据看起来更为严谨，听起来更为科学、考究，塑造更加可信的印象。

例如，她们会说在机动性巡逻中向北方行进，而不是说沿着道路往前开；她们会说从机动车上落地或者离车，而不是说下车；她们会说对嫌疑犯进行追逐并抓捕了嫌疑人，而不是说她们追赶并抓住了嫌疑犯。

这些表达听起来很枯燥。

这些表达会让法官感到困惑，尤其是让陪审团困惑。

★ ★ ★

所以，想要避免使用生僻词汇，**讲个故事**即可。

讲故事不能用“机动车向北方行进”这种话，而要用通俗的话来讲：追击的激烈程度、逮捕过程的挣扎、车的行驶速度、喊叫声、咒骂声、找到武器的激动……

换言之，要生动形象。

★ ★ ★

同时还要**保持简洁**。

★ ★ ★

我们时常会认为我们应该一直讲个不停才能挣更多的钱。别这样做。

不要仅仅为了给别人一种你正在努力的印象，而把一次发言或一次发问刻意拉长。别人会因此觉得你很无聊。

要简明扼要、生动形象、适可而止。

★ ★ ★

至此，我们已经讲了提高自身说服力的多个方面。

我们穿着得体；

我们抬头挺胸；

我们不躲藏；

我们管好自己的双手；

我们举止有方；

我们声音略微深沉、缓慢；

我们保持眼神交流；

我们有完美角度（84.5°）的坐姿；

我们做自己；

我们不试图模仿别人；

我们在案件中融入自我个性；

我们尽可能找寻被喜欢的方法；

我们以尊严为底线；

我们以礼待人，

自始至终；

我们尊重法官，

自始至终；

我们参考别人的看法来审视自己的判断；

我们保持言语简明扼要；

我们讲话简短；

我们语言生动；

再者，

我再次重复，

我们所讲的将是**无法抗拒**的。

★ ★ ★

虽然之前已经说过，但应该再次重申。

无法抗拒，后续章节还会再次提及，有重复之嫌，但它仍是对说服力的完美概括。

无法抗拒是伟大律师的标志。

这再怎么强调也不为过，就像之前提及的眼神交流一样重要。

一个无法抗拒的观点能够让人无法抗拒地接受。

这是说服力的最高境界。

法官无法反驳。

法官会很高兴地、毫不为难地接受。

没有法官会接受晦涩难懂、矫揉造作、自作聪明的观点，或任何强加于她们的观点。

★ ★ ★

要做到让人无法抗拒，这个主张要具备四个要素：

合理性，不是感性，不含感情色彩，

优雅地表达，

以及符合常识。

此外，为了实现以上三点，第四点就是精心地**准备**。

记住 PERC：准备（prepared）、优雅（elegant）、合理（reasonable）、常识（common-sense）。可以把该词拼成 perk，取其提取精华之意，这是对说服力的真谛最富有禅意的解读。

请记住，很抱歉这里再啰嗦几句。一个令人无法抗拒的观点是显而易见的，同时它的呈现方式让律师看起来似乎没起作用，律师仿佛不存在。无法抗拒的巧妙之处在于看上去并没有使用任何说服技巧。

但实际上却用了很多技巧。没错，确实用了！

这些技巧就隐藏在精雕细琢的遣词造句和高超、精湛的表达方式背后。

★ ★ ★

要做到令人无法抗拒，并不需要如同 20 世纪三四十年代那些优秀的演讲〔2〕一般。

法庭不是战场。

综观我们学过的所有法律和证据规则，以及我们的经验，案件中最具说服力的特征就是符合常识。如果你在一个观点中找到了符合常识的点，那么你就可以着手实现无法抗拒之辩，从这里开始，精心措辞，谨慎表达。

有时候，律师们会埋在书堆中而忽视了常识的存在，应极力避免这种情况。胜诉的主张往往是再简单不过的。有时候，律师们认为事情越复杂才越能体现她们多年的学识。有的人甚至会找寻那些更难成立的主张。

不能这样。一条重要原则是，**如果感到艰难，可能就错了**。简单的主张往往是正确的，准确地讲就是因为它简单。同时，如果它简单，也就容易理解，容易理解，就更有说服力。

所以说，**令人无法抗拒的观点经常就是那些既容易又简单的观点**。

★ ★ ★

〔2〕 如 1933 年富兰克林 · 罗斯福的《我们唯一恐惧的就是恐惧本身》，1940 年丘吉尔的《我们将战斗到底》和《少数人》，1940 年查尔斯 · 戴高乐的《法国不是孤军作战》，1942 年伯纳德·蒙哥马利将军的《咱们要在这里防守和作战》，1947 年尼赫鲁的《自由觉醒》等。

让我们用数学方法考虑一下这个问题。

一个有说服力的主张是一个令人无法抗拒的主张。

说服力 = 无法抗拒

以下是一个说服力公式，供所有律师考虑：

$$\frac{（准备+判断+常识）\times（建议-防备）}{（眼神交流+完美坐姿）}=无法抗拒$$

我们称为莫利定律。

★ ★ ★

你的庭上表现应当既能展示个性，又能不超出四条边界，这些边界就像一个矩形的边。

这些边界是：

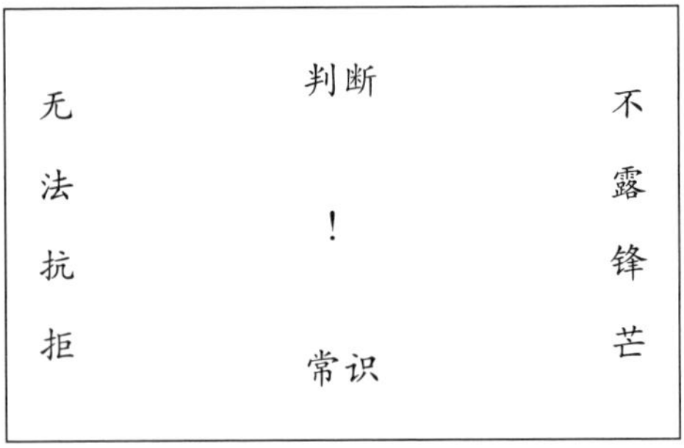

你想成为那个感叹号，那就站在正中央，完美地处在四条边线的平衡点上。

我们称为**莫利矩阵**。

★ ★ ★

每当我们在判例汇编中，读到一些又长又复杂的案件得到妥善的处理，正如伟大的丹宁勋爵所做出的那些看似简单又无法抗拒的裁判理由时，我们都曾情不自禁地暗自思索，“太明显不过了，这就是常识啊”。

丹宁勋爵的伟大之处，在于他善于通过精简的表述和适当地运用常识，使自己的观点看起来总是明显而正确的，只有通过最高法院的严密论证才能找到他观点中的瑕疵。你就应该和他一样。

人们唯有想象，他在做律师时是多么优秀，绝对优秀。

★ ★ ★

第 7 章

案件准备

在刑事案件中，指控[3]是一切的开始和结束。

指控可能在传票中被提出，也可能是起诉书中的一项罪状。

在你做其他事情之前，先要明确指控的内容是什么。

因为刑事是我的执业领域，所以接下来我会告诉你刑事案件的准备过程。在民事案件中，起诉状则是最重要的。在你做其他事之前，先读起诉状。

千万不要以为这本书里提到的原则在民事案件中就不适用了。

如果这样想，就大错特错了。

所以，让我们来看看如何准备刑事案件。当然，我希望做民事案子的律师也能一起来。

★ ★ ★

〔3〕 此处可以理解为提出涉案行为可能触犯的罪名，英文为 charge。

你的桌子上放着一份案情摘要。是巡回刑事法庭的案子。

不要把证人证言、未用的材料、通讯往来、照片，甚至是你的委托书混在一起。这些东西还不到出场的时候。

直接看起诉书。

它会告诉你两件事：

必须证明什么。

证明标准是什么。

通常，举证责任在检方，但也有例外。检索相关的法律法规。有关贸易标准的刑事案件就由被告人承担部分举证责任，要时刻注意举证责任和证明标准。

时刻。

★ ★ ★

下面这些听起来可能非常显而易见，但是令人惊讶的是，律师往往并不真的知道到底要证明什么。

把它们写下来非常有用。

比如，如果指控是“暴力行为导致人身伤害”，那么要证明的争议焦点就是：

是否有人身伤害？

给谁造成了伤害？

是由暴力行为造成的吗？

谁实施了暴力？

这种暴力行为是违法的吗？

当然，对于不同的罪行来说，要证明的争议焦点可能更复杂。但是原则是一致的：在起诉书或是起诉状中**找到争议焦点**，并把它们写下来。

★ ★ ★

当我们知道了要证明什么之后，我们要进行下一步，**如何来证明**。

答案是，**由证人来证明**。[4]

案件将由证人来证明，而不是律师。这可能是显而易见的，但是人们往往忽略了这一点。

证人提供的证据是为了证明起诉书中所指控的事实。双方律师接下来要就证人提供的证据是否满足了举证责任和证明标准进行辩论。

所以，证人提供事实，之后律师评论事实。

★ ★ ★

〔4〕 英美法系中采取庭审中心主义，所有的待证事实均需由证人当庭向法庭证明，庭前的证人证言主要用于唤醒记忆，书证和物证也是由证人作证时引出并出示。

现在是读证人证言的时候了。

在这之前不要读。

因为现在我们已经知道证人要说些什么来证明那些争议焦点了，我们要看他们的证言是否真的讲到了那些点。

同样令人惊讶的是，律师往往根本没把证言中的证据对应到起诉书所列罪状的每一项构成要件上。

证人证明了罪状的每项构成要件了吗？要仔细看看这个。

我们现在可以立即发现证人证言的不足之处，尤其是证据缺失的部分。作为辩护人，你要指出案件的瑕疵；作为控方，你要给出补充调查取证的建议。

但是我们要注意的并不只是证据的缺失，我们还要关注证人证言中对某个重要争议点的模糊表述或不够好的说法，如“或者说……”“嗯……”这类还差点儿意思的陈述。我们会开始发现从哪个方向攻击检方是最容易的。

★ ★ ★

现在来读所有的案件材料。

现在才开始。

读证据材料、邮件往来、披露的未使用的材料等。现在才读它们，是因为你可以更准确地发现那些和争议焦点有关联的东西。

根据经验，在理想情况下，把所有材料通读**三遍**，然后再做标记。

通读三遍并不一定能其义自见，但三遍之后至少你能真正地了解案情。材料上的任何一个标记应有明确的目的，而不是一些画了之后很快就发现毫无意义的符号，这种标记会给之后处理材料的人造成困扰。

★ ★ ★

Amy 律师导读

英国刑事诉讼程序中的证据开示制度包括两部分：一是检察官向被告人的开示义务，二是辩护方向检察官的开示义务。就检察官的证据开示义务而言，一是检察官应向辩护一方告知他将要在法庭上作为指控依据所要使用的全部证据，也称为预先提供信息的义务；二是检察官向辩护一方开示不准备在庭审过程中使用的任何相关材料，即所谓对检察官无用的材料，这种义务称为开示的义务。辩护方向检察官的开示义务则只出现在特定的法定情况下。

当你读完起诉书，

找到待证事项，

检索法条，

检查证人是否证明了必须证明的东西，

把所有材料读三遍，

现在

起草、

结案、

陈词。

是的，现在起草、结案、陈词。

现在就写。

★ ★ ★

不是在庭审的最后，不是在庭审的开始。

而是现在，在还没上法庭之前。

显然，具体的措辞还会根据庭审的情况调整。**但是拿到案件概要就开始起草结案陈词**[5]**，目的是：让你准确地知道你想从每个证人那里得到什么。**

★ ★ ★

〔5〕 控辩双方在庭审的最后阶段向陪审团所做的陈述。律师会总结分析全案证据，并表明本方立场，有些类似于中国刑事审判中的法庭辩论环节，但并不完全相同。

请遵循这个逻辑。早在开庭之前就准备好你的结案陈词，这意味着你很清楚，在理想的情况下，你最后想要对审判庭说什么。然后，你到了这一步，想着起诉书里待证明的事项，开始准备你对证据的质证意见；在理想情况下，是你对起诉书中待证事项的评论意见。材料读过三遍之后，你会像具备了“鹰眼”一样，轻松发现隐藏在起诉书中的强项和弱点。所以，就像威灵顿公爵面对拿破仑时使用的巧妙计谋，你提前想好了你要如何强调你的优势、弥补你的弱点。你现在已经有了一张地图，你已经确定了你要发表哪些意见。这意味着你也有需要获取的事实地图，这是你要发表意见的基础。如你所知，事实源于证人，现在你已经知道了谁要说些什么。再进一步，你也知道了要如何通过适宜的方式、适当的重点强调某些事实，这样你才能最终发表计划好的结案陈词。所以，来吧，继续，继续跟着这个逻辑走。你现在知道了你想要从谁那里得到什么样的事实。为了作出令人印象深刻的陈词，提前做好准备，这能让你打赢官司。

★ ★ ★

一旦你知道在庭审结束时，你想根据自己从证人那里得到的证据向陪审团提出什么意见，那么，从每个证人身上得到你想要的东西，就很

容易、

容易、

容易。

而且，通过准备结案陈词，很自然地，你会发现，你会本能地为询问证人做准备。

你是否能通过你的发问技巧让他们在证人席上说出你想要的话，是接下来要讨论的另一个问题。但至少现在你知道你想让他们说什么，并开始思考怎么做，用什么问题，让他们往你想要的方向上去说。

* * *

把草拟的结案陈词写下来。

有些人认为这只是一个简单的思考练习。

不是这样的。

把你想表达的观点写下来。

简洁明了。

大胆一点。

★ ★ ★

假设每个证人都会给你想要的一切：愤怒、夸张、认错、流泪、同意你的所有意见，假设你会得到你想要的任何东西。

无论你是指控还是辩护，先假设能达到的最好效果。

问问你自己，在理想的情况下，你会发表什么意见，需要什么证据？

把要点写下来。

好好想想。

★ ★ ★

现在删除一些完全不切实际的东西。比如，你希望证人承认自己是个彻头彻尾的骗子，这种情况只会出现在电视剧中，现实中永远不会发生。

试着找到你在法庭上可以实现的目标。这时你需要判断，最重要的是判断力。

再次把你的观点写下来，注意，这些观点要更加切合实际，而非天马行空。

认清现实。

你必须了解人，你必须对人品有一种感觉。你必须知道，在某种程度上，如何深入了解一个人，穿透他们的灵魂，换位思考，感受他们的恐惧和偏见。你必须读过伟大的文学作品，看过戏剧，看过好电影，经历过混乱的局面，无论是身在其中还是在远处观察，你必须对人类社会有所了解，而且要时常能正确判断别人的所思所感，知道谁是惹事的，谁是公正的，谁是恶意的，谁是受害者，谁在演戏，谁在撒谎，甚至在对自己撒谎。就像我说的，你需要判断力，这是一种天赋，是我不能教给你的东西。但是你可以通过阅读、观察来提升判断力，培养真正优秀的诉讼律师才具有的超级敏锐感。

所以，当你准备结案陈词时，在你确定了你在理想世界中想要什么之后，现在问问自己，实际点，在现实世界中，我能让证人说什么对案件有所帮助的内容。

★ ★ ★

把你的观点写三遍怎么样？再说一次，这个数字没有魔力，但至少可以让你清楚地知道你想要对陪审团说什么，因此你也清楚地知道你想从证人那里听到什么。

现在，准备对证人的交叉询问。

但是，绝对不要在还没写完结案陈词之前就准备交叉询问。

★ ★ ★

Amy 律师导读

在对证人的认识上，英美法系国家认为证人是有立场的，他们只须对一方负责，所以，英美法系国家采取的诉讼模式是“主张正义的方法就是依靠对抗程序让双方争斗”，对证人的询问应当是在法庭上，而且必须是在法官面前由控辩双方询问。英美法系国家最重要的质证规则是交叉询问规则，其方式是由对方律师对证人进行盘诘式询问，证人证言必须经盘诘式询问之后才可以被采用，如果证人在对方进行交叉询问时拒绝回答问题，法官可以排除该证人的证言，故交叉询问被视为审查证据真实性的最有效办法，是抗辩式诉讼的关键环节。

那么我们现在知道些什么呢？

如果是检方，我们知道每个证人必须说什么来支持指控，我们清楚自己的指控意见，我们能预测辩方最有力的攻击点。因此，我们现在清楚地知道，我们希望证人以什么样的清晰度、侧重点，带有足以感染他人的痛苦情感，给出关键事实方面的证据。而且我们知道什么是切实可行的。

如果是辩方，我们知道要交叉询问哪些内容，我们知道自己想要什么。我们是想让证人看起来像个骗子，还是仅仅是搞错了，或者看起来是个不可靠的人。我们已经确定了哪些人比较弱，知道他们的弱点是什么，哪些答案会对我们的案件最有帮助，哪些证据需要从证词中提取出来并加以强调，哪些证据要否定掉，哪些证据要避免甚至要排除。还有最重要的是，我们知道什么不该问，以防我们愚蠢地让证人证实我们的弱点。而且，我们知道什么是切实可行的。

★ ★ ★

对于每个证人，我们现在已经确定了一项任务。任务是这样的，请把这个纹在你的前臂上：

只从每个证人那里获得你结案陈词里需要的东西。

既不多也不少。

这可以成功避免长达几个小时的、无意义的直接询问和交叉询问，而且可以让我方律师像鹰一样直奔真正的焦点。

★ ★ ★

你有没有注意到，真正有能力的资深律师实际上都看起来像鹰。

双眼低垂，

身体略前倾，

头微微低下，

每个问题都像捕食者一样精准。

这就是你要成为的样子。你首先要从明白自己想在这个案子里获得什么开始。这意味着你要做好准备。而准备工作意味着你要早在上庭之前就准备好结案陈词。

★ ★ ★

记住，律师一不小心就会变得很令人讨厌，有时看起来像是来自另一个星球的生物，词汇量巨大，完全不会说简单的话。

陪审员是普通人。非专业治安官是普通人。有时我们会发现自己身处象牙塔中，已经忘了普通人的想法。

我们被桎梏在律师的圈子中。

不要变成这样。

所以，在准备结案陈词的时候，**把你的想法告诉普通人。**听听他们的意见，看看你是在讲道理还是迷失了自我。

★ ★ ★

问问你的伴侣。

问问你那些不是律师的朋友。

你认为我结案陈词中的这个论点站得住脚吗？

你认为在陈词时这样说有用吗？

如果答案是否定的，找出原因。

欢迎回到现实世界。

★ ★ ★

最好的律师对法律足够了解，他们可以使用所有的说服技巧，但是尽管如此，他们并没有忘记每个律师在 20 世纪 50 年代最喜欢的朋友，即克拉彭公交车上的人[6]。

永远不要忘记他。靠近他。

在英国，优秀的皇家御用诉讼律师会读《太阳报》[7]。

没开玩笑哟。

他们可能不会买，但他们会读。

这个报纸非常符合大众的思维方式。

和那个在克拉彭公交车上读《太阳报》的人保持联系。

当你把你的想法告诉朋友并得到反馈之后，如果有必要，重新写一遍结案陈词。

★ ★ ★

〔6〕 意指普通老百姓。

〔7〕《太阳报》是英国知名的娱乐杂志。

好的，我们现在说到哪儿了……

我一直把重点放在结案陈词上，是因为它决定了你在庭审中应当做什么。就像我说的，它就是你的地图。

现在我要集中精力准备对证人的交叉询问。

要做到这一点，我们必须了解**事实与意见**之间的区别。你必须明白这个。如果你已经明白了，我很抱歉，虽然你可能领先于其他人，但我不会丢下任何人。

证人陈述事实，律师发表意见。

事实是描述性的，意见是说明性的。

事实是细节，意见是论证。

律师需要从证人那里获取事实，以便向法庭提出意见，说明为什么这个事实意味着他应该赢得案件。

没有事实，就没有意见可发表。

因此，你希望事实能够以恰当的方式呈现出来，重点突出，以便让日后的意见更具吸引力。

★ ★ ★

让我们来看一个例子。

你在起诉一个盗贼。证人陈述的一个事实是，他向离路灯 10 英尺远的盗贼看了 10 秒。你对此想发表的意见是，证人清楚地看到了盗贼，因此可以指认他，所以不存在指认错误的可能。

这还不足以让发生在 10 英尺外路灯下的 10 秒目击成立，你还想让你的意见更有说服力。

这是哪天的事？

：2 月 5 日。

当时几点？

：下午 6 点。

有光吗？

：那里有路灯。

有自然光吗？

：那时是黄昏。

天色有多黑？

：没那么黑，但正变得越来越黑。

你能看见东西吗？

：能。

为什么？

：因为那里有路灯，而且天还没有那么黑。

你看到的那个人离路灯有多远？

：10 英尺。

你为什么说有 10 英尺？

：因为我距离感很好。

街灯是什么颜色的？

：橙色。

你的视力如何？

：我戴着眼镜。

戴着眼镜，你的视力如何？

：非常非常好。

你看见了那个人多久？

：10 秒。

你怎么知道是 10 秒？

：我记得那是相当长的一段时间。

相当长的时间是多长？

：至少 10 秒。

为什么是 10 秒？

：因为 10 秒足够看清他的一切并记住他。

你能看到他身体的哪部分？

：整个。

你能看到他的上半身吗？

：是的。

你看到了他上半身的哪部分？

：他的胸部、手臂和脸。

他的脸你都能看清吗？

：都能看清。

他当时正朝哪个方向看？

：他正面对着我。

你看到了他脸上的什么？

：眼睛、鼻子、嘴、头发。

路灯对你看东西有什么影响？

：让我能看清东西。

看清什么？

：他的脸。

他脸上有多少部分被街灯照亮了？

：全部。

那么，请描述一下他的鼻子？

：他的鼻子又长又细。

★ ★ ★

你的问题引出了证言中最重要的事实，而这些事实使整个故事生动起来。

现在根据我们获得的证据，仅仅基于证人在10英尺外的路灯下看了盗贼10秒的观察，我们可以做出如下完美的评论意见：

> 证人不会认错人。证人的目击距离有10英尺，目击持续了10秒。让我们来倒数10秒，感受一下我们有多么充足的时间去看清并记住一个人的脸……请注意这段时间对于戴着眼镜、视力良好的证人来说有多长，正如他自己所说，他能看清盗贼的一切。此外，路灯也亮着，证人对此有清晰的记忆，他还清楚地记得路灯发出橙色的光。而且证人也告诉我们路灯很有用，因为灯光让他不仅能看清盗贼的脸，还能看清他的鼻子、嘴、眼睛和头发。盗贼的鼻子又细又长。想想鼻子是多么蕴含细节的特征，除非光线很好，让你能看清鼻子，否则你不会记得一个人的鼻子是什么样的。所以，毫无疑问，证人清楚地看到了盗贼。

★ ★ ★

我们围绕我们获取的证据发表意见。我们要确定对哪些证据发表意见，以什么形式，强调到什么程度。所以，我们引出证据是为了之后要发表的意见。

我们找出对我们有帮助的事实，然后从证人那里得到它们。这是一种共生关系，事实和意见相互融合。但要记住，意见来自律师，事实来自证人，律师只能从事实中取得足够的信息来构筑自己的意见。

你要的事实只要能满足之后要发表的意见就够了。

不要问证人不必要的问题。

要理解这一点。

★ ★ ★

如果你还不理解避免问不必要问题的重要性，那就问问你周围的同事。你需要真正地明白，你要发表的意见决定了你在法庭上所做的一切。你的意见会告诉你想要什么，也会告诉你要避免什么。

你的结案陈词，

要早在庭审之前就着手准备，

基于你想听到的事实，

组织你想发表的意见。

★ ★ ★

就像我一直说的，那份拟好的结案陈词就是你的**地图**。

它告诉你要去哪里，你必须要做什么，对方会攻击哪里，你不得不面对什么。

它告诉你在法庭上要做的一切。

80%以内原则，即你实际发表的结案陈词应该在你提前拟好的结案陈词内容的80%以内。如果超了，说明证据在法庭上呈现的方式出了问题，这意味着你在控制证人方面懈怠了。你很快会学到这部分内容。

★ ★ ★

那么，切记，务必切记：

1. 通过准备你草拟的结案陈词，确定你想要发表的意见；

2. 从你想要发表的意见里，确定你想听到的事实；

3. 从你想听到的事实里，确定你要问谁什么问题。

这就是正确的路径。

它绝对、绝对、绝对**不是**：

从证人对松散问题的回答中，你开始徘徊寻找事实；

从这些随意呈现的事实里，你开始琢磨你要发表什么意见；

从那些看上去还算行得通的意见里，你开始打磨你的结案陈词。

不！这条路绝对错了！你走反了！

★ ★ ★

Amy 律师分享

上述路径稍加变通即可适用于中国司法实务：

1. 通过准备你草拟的辩护意见，确定己方主要辩点；

2. 从确认的辩点，确定你想依据的证据；

3. 从你想依据的证据里，确定你要问谁什么问题和发表什么质证意见。

第 8 章

向法官进言

法官不是陪审团。对待法官需要用不同的方式。

与一些愚蠢的谣言相反，法官通常曾是聪明且出色的律师，是具有丰富庭审经验的诉讼律师〔8〕，而且，她们是公正的。

假设情况如此。

充分了解你的法官是非常必要的。问问书记员，法官今天心情如何。在更衣室里问问，法官是个什么样的人。了解你的审判庭是你工作的一部分。你了解到的情况会对你的案子有帮助，也可以帮助你向法官有效表达。

★ ★ ★

〔8〕 英国高等法院的法官通常由资深出庭大律师经遴选后担任。

有些律师一开始以为法官们是行动迟缓、超脱尘世的，甚至是愚蠢的。这些律师绝对疯了。这种想法会惹恼法官，也会让你失去最重要的东西，即法官对你的尊重。这会把说服法官这件难事变得更难，因为现在你很可能会被法官忽视。因为同意你的意见，会让法官觉得丢脸。

★ ★ ★

理解法官对礼节的要求，不要反驳。

法官有很高的社会地位。她们在法律上拥有巨大的权力。她们能让家人分离，能用量刑改变人的一生，能把藐视法庭的证人（和律师）送入监狱，能没收巨额的资金，还能冻结财产。在社会等级制度中，毫无疑问她们在法庭上处于至高的位置，而且这是对的。从形式上，她们坐在审判席上，也比周围的人坐得更高。她们的重要地位通过礼节得到体现，别无选择，确实别无选择。

所以，对待法官的方式是：

尊重，

尊敬，

礼貌。

★ ★ ★

你可以不同意，但总是要保持尊敬。

你可以同意，但不能表现得随意。相反，总是要有礼貌地同意。

你们可能意见不一致。

但是

永远不要、

永远不要、

永远不要，

忘记尊重。

永远！

法官说了算，不是你。

比如，我有时会听到的这种说法：“我听明白了您所说的。”这意味着你虽明白了重点，但不同意，而且很看不上。你马上就会被证明是错的，马上。

如果法官感觉到你不尊重她，你就不会有说服力。而说服法官是你的工作，所以在这种情况下，你就是没有做好你的工作。

* * *

此外，不要把法官称为“您”，而应该总是称为“阁下”“尊敬的阁下”，或者可能是“法官大人”，甚至可能是“无上的法官阁下”。记住正确的尊称，不要像平常说话一样：“您说的这个问题”……不，不能这么说，要说“阁下您说的这个问题……”

如果要提到另一位法官，也不能说：“她说过……”，要说：“那位法官大人说过……”

这可能听起来有点吹毛求疵，但这点相当重要，而且非常有效。如果做对了，法官会对你的尊重表示尊重。如果做错了，那法官就会觉得你不过是一个实习律师。

★ ★ ★

发表意见要简短。

法官能明白你的意思。一遍遍说重复的话不会起到什么好作用。

无须多言。

记住。

完毕。

★ ★ ★

对于法官来说，一个观点只需要说一次。

但是，要确保你的观点被法官听到了并且被她理解了。

可以通过目光交流判断法官是否理解了你的意思。

同样地，也可以观察法官的笔。观察她的笔、她在键盘上的手指，看看她有没有把你的意见记录下来。注意语速，不要说得比她记得快。

不要一直重复同一个观点，因为重复不会让你更有说服力。

★ ★ ★

当然，你可以从不同的角度来说明同一个观点，这也可以说是在提出不同的观点。

这车开得太快了，

它显然不是在缓慢移动，

它已经大大超速，

在当时的路况下，它开得比周围的车快很多。

上面说的差不多都是一件事，车开得太快了。但从不同的角度说了四次，只要不是在简单地、无聊地、刻板地重复说车开得太快了，是可以的。这是年轻律师经常犯的错误，一直重复说一句话，就好像是对自己的一个安慰，一直说到她们找到了其他可说的话。当然，她们的错误还有眼神交流少和看起来准备不足。

★ ★ ★

在你的发言中，**开篇**应当字斟句酌。

你的开篇所言应简洁明了地展示你想表达的观点和依据。它应该是对立场的**高度概括**。

在开篇之后，告诉法官你发言的结构。列出你要说的几个部分。给法官一些时间记下这些部分。观察法官的笔。

现在向法官解释每一部分，在讲解每部分之前先给法官一个整体的概括。

然后才是细节。

★ ★ ★

概述，然后是细节。

记住，如果法官可以轻松地跟上你的论述，她会对你表示尊重，而这有利于增强你的说服力。

怎样让法官跟上你的论述？一个清晰的开篇概括。它就是一张**地图**。法官们喜欢有一张地图。有了地图，她们就会明白你想去哪儿和你为什么想去那儿。你变得容易理解。你越容易理解，就越难反驳。

★ ★ ★

不要假设你的法官知道所有的法律，

甚至要假设她们什么都不知道。

提醒她，不要害怕。

慢慢地，

慢慢地，指出法律依据。

慢慢地，念法规中的相关章节。

确保你的法官在看着那一页、那一段、那个词。

停一下，等待法官形成和你一致的观点。

★ ★ ★

有太多的庭上发言都是匆匆忙忙的，好像担心法官会感到不耐烦似的，但也可能单纯出于紧张。

但是记住，**法官也是人，不是机器**。她们不可能知道所有的法律规定。

有时法官对于判例的记忆只是稍微有点不准确，但却会对你的案子造成实质性的影响。除非你带着她再看一遍那些判例，否则你就不会发现问题。当然，如果你干脆以为法官就不需要提示，那你就更不可能发现问题了。

★ ★ ★

我刚才说过，法官可以被推定为优秀的律师。现在我要说的是，别以为她们懂法律。有些人可能认为我这话是自相矛盾的，但并不是。不能假设法官知道每个法律的每一个字和每个案件的特别之处。因为每一段法律论证中会用到那么多精确的词语，她们不会都记住的。但你可以假设，法官，就像优秀的律师一样，可以准确地理解每个词语的精确含义，而且她们会对你的提示表示感谢。法官们通常对案件所涉领域了解很多，但是对于律师来说，最好还是假设这个领域对法官们来说是全新的。只有这样，你才不会犯错误。如果你假设法官什么都知道，而她其实根本不知道，你的这个假设就可能会让她感到难堪，让她觉得丢脸，然后她就会倾向于反对你的观点来维护她的尊严。

如果法官对案件所涉领域真的非常熟悉，她会帮助你，她会告诉你的。所以你不必担心她会认为你的提醒没有必要。如果真的完全没有必要，她同样会告诉你。同时，你要相信你的法官是公正的，所以她通常会很快地指出哪些领域是她所不熟悉的。

★ ★ ★

只是有时候，只是偶尔，因为这种情况确实很少，但是有时候也会发生。你的法官可能在法律适用或对某些事实的认定上是完全错误的，但她却认为自己是完全正确的。

那么你必须找到一种方法来纠正她，既不让她丢脸，也不能曲意逢迎，而让你的客户受到损失。如果法官认为这是一个错误的论点，你知道她是错的，你也不要挑起争执、放下对她的尊重，因为你这样做是冒着失去信任的风险来纠正她。

所以现在你需要的是埃古的狡猾、麦克白夫人的勇气、亨利五世的巧舌如簧和马克·安东尼的厚颜无耻。不要像哈姆雷特那样一言不发地站着，你必须走进火里，小心翼翼地、谦逊地、迎合地，甚至是带有一点幽默地编织你的语言，试图引导她而不是与她争执。

想象一下你站在她身边，给她指路，像一个关心她的向导。而不是站在她面前，告诉她什么是什么，像一个权威人士。

你不是权威，她才是，所以帮她把事情做好。

★ ★ ★

当你向法官发言时，**记住要试着从她的角度看问题**。

我之前说过，这是**三条原则**之一。它是如此的重要，我几乎可以在每一页上都再说一遍。

从法官的角度看问题，一直如此，让她知道你总是站在那里给她提供**帮助**。法官会重视你的帮助。她会想要理解你的观点，哪怕她最终不同意你的观点。

不要慌乱，不要回避，坚定地站着，相信礼貌和尊敬会让你安心，慢慢说，一次讲一个观点，假设你讲的法律对法官来说是陌生的，准备一个好的、简短的意见概述，但是最重要的是，尊重法官，这样几乎所有的法官都会礼貌地倾听你的意见，并且表示赞同。

只要法官听进了你的意见，你就很可能说服她。

★ ★ ★

第 9 章

法律文书

与法官交流还包括法律文书写作。

黄金定律是：**少即是多**。

法律文书是指要交给法官的正式的申请书或辩护意见。

它不是投给报纸《星期日》的随笔，所以你要遵守很多形式上的规矩，如字体、字号、行间距、段间距，有时还包括段落编号，很多时候还会有字数限制和页数限制。

你也许会问，为什么要有限制？

当然，也有律师认为他们可以通过堆砌文字来展示自己的智慧。是的，文字堆砌在一起，构成冗长的、令人费解的长篇大论，连篇累牍，十分厚重。文中到处是交叉引用的备注、脚注和晦涩的案例，讲到修订的法律时甚至引用卡尔·马克思的著作，行文还带有汽车报警器说明书般的活力。这一切都被整齐、愉快地打上了孔，装订在一个文件夹里。

有些人认为，你写得越多、越复杂，你的观点就越正确。这真是疯了。

马上停止这种行为！

★ ★ ★

你之所以站在那里是为了帮助法官，而不是用那些难以理解的、毫不相关的论述所造成的精神痛苦折磨他。

言简意赅。

如果你真的知道你想要表达的观点，请直说。

法律文书应该像骑兵冲锋一样，敏捷、有力、令人印象深刻，绝不含糊其辞，涵盖所有问题，迅速完成任务。法律文书不应是一战的战壕，没有尽头、充满不确定性，让人深陷困境。

法庭上不应该有过于复杂的东西，你作为律师的全部意义就是把事情变得简单。一开始对于当事人来说似乎很复杂的事情，应该通过法律程序变得简单明了。花钱请律师是为了向法官解释问题出在哪里，你为什么该赢得官司。如果你不能简单地解释这个问题，那就说明你还不理解。如果你不理解，你写出的东西必定过于复杂、晦涩难懂。

没人会读的，人们只会简单浏览一下。这样你显然不能说服别人，而说服别人是你的工作。每一篇法律文书都是你说服别人的机会。

你这是在浪费你写作的时间，而且也削弱了你的可信度。

所以，如果你要把观点形成书面文书，并让它有价值，请直击要害。

★ ★ ★

记住，法律文书应该关注**解决方案**，而不是讲这个问题有多严重。法官需要有人把他拉上岸，而不是把他淹死在成堆的案件材料里。一些论述通常是有必要的，但应尽可能控制篇幅。诉讼程序经过、事实、争议观点复述，应当只讲“核心要点”。这也体现了优秀律师的能力：能够从大量材料中提炼出所需要的东西，并准确判断哪些是无关紧要的。

★ ★ ★

让我们来谈谈最广为流传的法律文书——框架意见。

目前，通常在上诉阶段和有关法律的问题上，法官常常要求律师提交框架意见。

我们应为此感到兴奋。

如果有人告诉你框架意见只是无聊的形式主义，那他们就大错特错了。在现代审判中，框架意见是讼辩技能中极其重要的组成部分。它可以让法官站在你这边，或者站在你的对立面。甚至在案子开始之前，这种站位就形成了。

框架意见不是一个正式的意见书。相反，它是一个能让你占据优势地位而让你的对手处于劣势的好机会。

★ ★ ★

Amy 律师导读

在英国，框架意见是在庭前阐明己方主要观点、主要事实与法律依据的框架性文件，目的是方便双方为庭审做好准备，明确争议焦点，提高庭审效率。

在中国我们没有框架意见的说法，但有时辩护律师会在庭前或审查起诉阶段提交辩护意见，以及上诉时提交上诉状，这些文书的写作方法可以参考本章所述框架意见写作方法，很多理念都是相通的。

不同人对框架意见有不同的看法，准备方式没有对错之分。所以下面只是我的个人见解。

框架意见应该是一个简短的文件，列出最核心的论点，并引用相关的法律条文。

如何准备以及如何使用框架意见，

都是一门艺术。

★ ★ ★

框架意见应该能吊起他人的胃口，如同电影预告片一般。

目的是让法官暂时站在你这边。

我的建议是，这不应是一篇面面俱到的论文。

理想状况下，框架意见不应该给法官留有可以根据当前双方意见做出决定的机会。它应指明争议焦点和你的解决方案，但不能是详尽的分析，让法官有机会自己在安静的办公室里，在你不在场、无法改变他的想法的情况下，否定你的观点。

设想一下：论文很可能是读不完的。而且，如果论文已经把能说的都说了，那么庭审的时候还能说些什么呢？更明确点儿说，法官在庭前读框架意见的时候，你没法控制他。如果你在框架意见中就试图说服法官，而法官没被你说服，那你当下就输了，在你还没在庭上开口之前就已经输了。事实上，在你开始讲话的时候，才应该是你最具说服力的时刻。

* * *

所以在框架意见里不要试图说服法官，框架意见只负责吊起胃口，

要有所保留。

保留的其实就是“你”。你要把自己留到和法官对视的时候，那时的你将给辩点注入生命力。

★ ★ ★

框架意见应该简要概括案件事实和所适用的法律，指明法律出处，简要说明你认为本案事实应适用哪些法律。这里，事实是你想要让法官发现的事实，法律就是你希望法官引用的法律依据。

仅此而已。

事实——你想说的事实，

法律——你认为与本案有关的法律，

然后——你认为本案事实应当适用这些法律的依据。

简洁，简洁，简洁。

当你在庭上开口的时候，才是你对辩点详细说明的时候。

★ ★ ★

最重要的是，**你的辩护词应该从你想要什么和为什么开始。**

清晰地、有礼貌地说明你寻求的结果，这应该是第一段。

★ ★ ★

有一种学说支持长篇的框架意见。有些人认为框架意见应该包括辩点的所有方面。公平地说，这也是可行的。这种做法在治安法院[9]行之有效，因为这种长篇框架意见可能会给一个非专业的法官留下深刻印象，甚至让他有一点害怕。这有可能发生，他们会相信你肯定是正确的，否则你写不了这么多。

然而，总的来说，我个人的观点是，长篇的框架意见可能会让你陷入一种危机，即法官不用听你辩论就作出决定，或者更糟，法官还没全部读完就已经下了定论。

就像我之前说的，虽然普遍鼓励写长篇的法律文书，但是这种文书并不吸引人。所以，如果你打算写一篇长的，要确保你面对的是“正确的受众”。记住，大部分的审判庭都会感谢你的言简意赅。

总有一天你会找到自己的风格。我建议你从短的开始，如果你习惯写长的，可以适当长一点。

★ ★ ★

〔9〕 治安法院是英国的基层刑事法院。凡可能判处 6 个月和 400 英镑以下的案件，都由治安法院直接审理并判决。治安法院除受理刑事案件外，还可受理一般的民事案件。治安法院的法官由不具备职业法官资格的普通公民担任，他们以兼职方式到法院就特定种类的案件基本独立地进行审判。

那么你在庭上要如何利用框架意见呢？

发言时如何使用框架意见？

把它作为你的地图。

不要念，

但是一定要引用其中的内容。

就像我一再说的，这值得多重复几次，**在开始你的发言时，要用一句干净利落的开场白抓住核心，明确你所请求的是什么，以及你为什么应该赢**。

然后指出你所说的事实在框架意见中的位置。

再谈及你和你的对手在事实问题上的分歧是什么，为什么你应该赢。

解释你认为本案事实要如何适用法律，明确争议焦点，解释为什么你的论点比对方的更有说服力，并且不断提醒法官框架意见中的内容。

慢慢来，但不要拖沓，保持前进，观察法官的笔。

★ ★ ★

不断提及你的框架意见，引用其中的内容，然后进行深入详细的论述。把法官拴在框架意见上，然后带他到法律战场上转一圈，中间考虑争议焦点时不断带他回到对你最有利的点上，这个点就在框架意见中。如果你把他带到对你最有利的点上，你就会占据有利地势，让法官从你的角度去审视这个法律战场。

把框架意见想象成威灵顿用以观察滑铁卢战场的望远镜，把这副望远镜借给你的法官。法官不会赢得这场战斗，但是他们可以提供支援。

想想看，威灵顿只有单筒望远镜，1815 年双筒望远镜还没发明出来呢，但你明白我的意思。

★ ★ ★

第 ⑩ 章

文件管理

关于文件管理，你只需记住一件事：

整洁。

整洁体现在两种形式上：**纸质文件和电子文件。**

一位优秀律师会每时每刻都保持她的文件整洁。

这会耗费你的时间和精力，但是你必须坚持下去。

放任自流很容易，后果就是找不到东西。

★ ★ ★

首先，我们先来谈谈**纸质文件**。

刚开始的时候，纸质文件通常会很少，这可能会导致坏习惯的养成。纸质文件被堆积在一起，并且放得杂乱无章。但你认为这没多大关系，毕竟案件文件夹内可能只有20页。

但是这种情况不会持续太久。很快，随着案件越来越复杂，文件的数量将会增长至50页、100页、500页，甚至更多。

作为独立执业的诉讼律师，通常没有人监督你的工作，这也就意味着没有人会因为杂乱的文件管理找你谈话。

然而，工作经常会被转手，你可能无法继续处理某件事情，导致他人得接手这些工作。接手别人乱糟糟的文件是多么闹心的一件事。

但更重要的是，整洁的纸质文件意味着专注。

如果你的文件一团糟，那么通常情况下你的案件也是如此，你也是如此。

所以早点开始，养成良好的文件整理习惯。

★ ★ ★

在英格兰和威尔士的诉讼律师中，纸质文件常常是松散的，用红丝带或白丝带系着。

但我建议每一份文件都应该存放在活页夹里。

去买一个。

这可能意味着要在文件上打孔，那就打吧。

把标示着当事人和法院的背书页作为首页。

然后是起诉书或诉状。

然后是指示性文件。

然后是客户提供的证据。

然后是证人证词。

然后是尚未用到的材料。

然后是往来信函。

然后是你出具的意见。

★ ★ ★

你应该知道每一张纸在哪里。以及如何在10秒以内找到它，这是个不错的经验法则，10秒。

以这种方式收纳可以达到三点目的：

1. 你会轻松地看清整个案情；

2. 当后续材料到来时，你会知道应该放在哪里；

3. 你会感到一切尽在掌握。

永远不要松懈。

这是很容易的事，但很多人却做不到。我认为这些人在法庭上更容易被击败，因为她们混乱的文件往往意味着混乱的庭上技巧。

你一旦养成了这个习惯，就会发现归纳整理卷宗变成了你“掌控案件”的体现，同时也成为了一种职业乐趣。

★ ★ ★

至于电子文件，可以说的内容就更多了。

你真的需要开发一套自己的体系来掌控它。

对我来说，如果一份文件作为“附件”出现在电脑里，我不得不专门打开它，而且我发现我无法彻底读透，因为我总是想着自己可以等会儿再看，因为它就在我随身携带的电脑里，并且电脑文件更不容易做标记或颜色标识。

而且，可能只是我年纪的缘故，我觉得屏幕上的文字没有我指尖的文字来得那么亲切。

电子邮件属于往来信函，但从自律的角度来讲，我们很容易忽视它们而没有将它们整理到文件夹中。

附件和电子邮件在网络空间中是分开的。附件只是简单地放在一个文件夹里，单独存放而没有和邮件对应整合。因此，文件会缺乏整体连贯性。

我希望在计算机时代我们不要成为勒德分子[10]。但如果你是上庭的诉讼律师，**我建议把所有的东西都打印出来！**

〔10〕 英文名 Luddite，翻译为勒德分子，指的是 19 世纪英国工业革命时期，由于机器代替了人力而失业的技术工人。现在引申为持有反机械化以及反自动化观点的人。

打印应当成为你日常生活的一部分。

不管附件文件有多大。

养成习惯。

把电子材料变成纸质文件。

然后放进活页夹里。

★ ★ ★

Amy 律师导读

英国的很多诉讼文书交换和法庭通知都是通过邮件进行的。

所以作者强调了邮件及其附件管理的重要性。

中国暂且没有相同的联络体系，但部分地区已经有类似的司法实践，如北京地区的部分法院通过电子邮件实现对辩护人的文书送达。

中国刑辩律师的案件材料多是电子化的，在电脑中进行分文件夹管理文档较为方便。

就我个人而言，一些重要的书证和自己的阅卷笔录时而也需要打印出来，反复细致阅读，才能读透并发现问题。

所以，在工作中，有时我也会对复杂的案件制作打孔资料文件夹，将重要的文件，按照起诉书、大事记、阅卷笔录、重要书证等顺序（依个案情况而定）打印、打孔、装入文件夹，并利用便签、荧光笔等进行标记。

但我认为不需要把所有的材料都打印出来，电子文件和纸质文件相辅相成，律师应对全案电子卷宗了然于心，10 秒法则找到即时所需，重点文件装订在册，方便详细解读。

文档管理，没有对错，适合自己的就是最好的；

基本原则应当是：清晰、好找、便捷。

第 11 章

开案陈词

这一章是从刑事诉讼的角度出发的，我清楚地知道本章内容可能无法完全适用于民事诉讼。本章设想的听众是陪审团，有些技巧可以类比运用，你们可以自由选择。

刑事诉讼中，开案陈词通常是由检察官做出的。

★ ★ ★

Amy律师导读

两国法律制度不同，中国没有开案陈词。

但本章讲述的法庭陈述的逻辑结构技巧，律师可以灵活掌握，类比适用。

本章中推荐将法律论述和开场发言完全写下来，我个人认为在执业之初非常有必要。

青年刑辩律师可以在做庭前准备的时候，将重要的发言全部提前写好，反复思考并仔细斟酌每一个措辞。

提前写好，并不意味着庭审过程中要照本宣科，而是有助于我们充满自信地进行流畅精准的表达。

辩方的开案陈词是比较少见的，这更多的是一种艺术，极具风险的艺术。除非你经验非常丰富，**否则不要做**。这种做法的问题在于你先勾画了一个完美的图景，你告诉陪审团他们将会听到一些证据，结果他们却没有听到。在庭审的这个初始阶段，陪审团真正想知道的是辩护思路。如果辩方证人不按照预定的剧本，开庭时没有讲你之前预告的内容，陪审团会觉得这对案件影响巨大并很可能对你不利。

因此，除非你知道如何掌控证人，如果你正在读这本书的话，你很可能还不知道，除非你已经培养出可以判断证人是否会按照准备好的书面证言作证的嗅觉，但现在你很可能还不具备这样的嗅觉，因为这可能需要你耗费大概 7 年的时间去培养，所以别做辩方开案陈词。

★ ★ ★

向陪审团做出的检方开案陈词应当包含：

事实，

法律，

举证责任和证明标准。

具体的顺序看个人喜好，没有硬性规定。

许多人发现以一个合理、完整、清晰的简短句子告知审判庭案件的事实是比较合理的，我们将其称为事实总结。

接下来，最好解释一下举证责任和证明标准。

举例来说：

这是一个关于夜间入室盗窃的案件，珠宝被偷走了，但幸运的是，房主醒了，视力很好，在路灯下看清了盗贼。被告人被辨认出就是盗贼，但他一直保持沉默。在听取所有证据后，你们需要就控方是否证明了他就是那晚的盗贼作出决定。

现在要解释一下大家希望了解的一些事实细节：地点、时间、证人的名字、珠宝类型，介绍一下区域平面图、路灯的位置、证人的距离、抓捕时的情况、之后的逮捕以及讯问的情况等。

最后，解释一下**法律规定**。

★ ★ ★

开案陈词

条理清晰的事实概述，

举证责任和证明标准，

相关事实细节，

法律规定。

★ ★ ★

解释法律时要谨慎，

必须准确。

法律条款也许有些无聊，也许不够严谨，也许难以理解，也许不够清晰明了。

让陪审团把注意力放在起诉书上，把犯罪构成要件过一下，解释相关事实和法律规定是怎样对应起来的。

简短地带过起诉书，把指示陪审团的细节工作全都留给法官。

★ ★ ★

确保你看过一些开案陈词，注意讲话的节奏以及法律解释的程度。多一分则溢，少一分则亏。足以说明陪审团需要通过证据寻找到的关键事实，足以强调之后证人作证时最需要关注的点就够了。

通常，即使陪审团不清楚法律的具体规定，大多数刑事指控也是极易理解的。犯罪倾向于围绕不诚信、暴力和欲望这些点展开，就是小时候妈妈严令你不能做的事情。

但是**一定要把你关于法律规定要说的话写下来**，虽然大部分的罪行是常识，但你不该即兴发挥。如果你即兴发挥，你会突然想起此前权威解读中给出过的复杂的法律指引，但你却无法准确表达、措辞困难，感到非常无助。当感受到法官那不以为然的目光落在你身上时，你会面红耳赤、满头大汗。

★ ★ ★

事实上，我建议你**把整个开案陈词都写好**，尤其是事实摘要以及事实的细节。

不开玩笑。

这是必需的！

即便是简单的商店盗窃案，

我仍坚持这么做。

★ ★ ★

写好所有的内容：事实摘要、事实细节，以及法律规定，你就会有完美的表现。

在法庭上的第一次亮相，你将彰显控制力。

在诉讼的初始阶段展现能力，你会因此获得尊重。

你也会因此显得具有说服力。

除此之外，陪审团能准确地理解你。由于事先已经仔细权衡过所有细节，所以不会在开庭时发生意外，不会看到有人困惑不解地皱眉。陪审团已然充分理解，知道要从证据里找什么。

注意：把开案陈词的全部内容写下来，就如同提前准备好结案陈词一样。你能立即发现缺失哪些证据，哪方面证据是薄弱的。受益于开案陈词的字斟句酌，你将有机会在最大限度上降低案件薄弱部分的反作用，并突出优势部分的重要性。

★ ★ ★

但要记住：

写出来不等于读出来。

读材料太呆板了，一旦你变得呆板，你将不具有说服力，也不会有人听你说什么，那么你开案陈词的目的就无法达到了。人们总能记住自己写的大部分内容，确保你是看着陪审团的，而不要一直低头看你写好的开案陈词。

避免无趣。

★ ★ ★

一个精彩的开案陈词极其重要，这一点再怎么强调都不过分。想想让陪审团了解整个案件是一件多难的事儿。辩护律师是提前准备好的，也研究了相关材料，通过阅读和亲眼所见来了解案件，这也是我们大多数情况下接收信息的方式。但陪审团是通过耳朵来了解案件的，想想这有多难。倾听很难，因为注意力的持续时间总是短暂的。

同时请考虑到陪审团成员正处于陌生的环境之中：假发、律师袍、被告席、书记员，当然还有审判席上穿着长袍的人，这样的壮观景象很容易让陪审团成员坐立难安、注意力分散。你的工作就是让每个陪审团成员感觉舒适，这可以通过一个好的开案陈词来实现。

一个好的开案陈词就像是给陪审团一张地图。那句话又来了，抱歉哈，但这真的是一句至理名言！开案陈词会告诉陪审团这是个什么案子，让陪审团不至于心烦意乱，同时能帮助他们在证人发言的时候去寻找重要的证据。

这张地图非常重要，陪审团会为此感谢你的。

只要你说，他们就会听。

★ ★ ★

问题是我们在开案陈词时应该做到什么程度，才能达到使陪审团取信于我方的目的。

换句话说，我们是应该直白地依据书面证言去陈述事实，还是应该尝试在法庭上注入感情色彩、营造某种氛围？

除非你非常有经验，

平铺直叙比添油加醋要好。

然而，结案陈词是需要丰富生动的，那不一样。那是说服陪审团的关键时刻，包含评论意见。我们已经讨论了一些结案陈词，后面还会再展开。但是开案陈词通常没有评论意见，简单陈述即将呈现的事实即可。

所以，请把下列经验法则牢记于心：

平铺直叙的开案陈词，

生动形象的结案陈词。

★ ★ ★

不过，让我们稍微说说丰富生动的开案陈词。

一个丰富生动的开案陈词常常被称为**“高调开案”**。

高调开案意味着你（控方）打算直接向陪审团灌输不利于被告人的主张。

这就是你做的，向他们灌输主张。灌输是强势的语言，自然而然会引起强烈的反应。如果做得好，控方会遥遥领先于辩方；如果做得不好，你的控诉就会让陪审团感到厌恶。

尤其是如果做得太明显了，陪审团会感觉被操控。

如果做得不好，你基本上就没有诚信可言了。没有诚信，你也就不会有说服力。所以，高调开案是个非常冒险的事儿。

★ ★ ★

一定要字斟句酌来实现影响最大化，但要做得巧妙。

把一点点愤怒、冒犯，甚至义愤填膺的感情糅合到律师的姿态、语气和手势里。这需要技巧，而且很容易做过头。实际上，这需要数年时间去磨炼。

在美国，几乎所有人都会高调开案，大家在美国都这么干，但英格兰不是。不要被精彩的美剧《洛城法网》（*LA Law*）[11]激发灵感，我是暴露年龄了吗？那是20世纪80年代的剧，非常精彩。我每周都看，非常棒的电视剧，真心如此，租DVD才能看。但这种做法导致了在伦敦糟糕的庭审实践。实际上，这在绝大多数地方都产生了不好的影响。

还有一部更好的电视剧，《卡瓦纳御用大律师》（*Kavanagh QC*），这部剧的剧评过低了，这是20世纪90年代的一部非常棒的电视剧，可以去租DVD或从苹果视频库里搜索，我有全集。

---

〔11〕 该剧描述的是美国西海岸的风土人情、政治、犯罪与文化。主人公Rex Winters（Skeet Ulrich扮演）和绰号“TJ”的Tomas Jarusalski（Corey Stoll扮演）是洛杉矶警察局最优秀的警探，就职于该局的精英部门——抢劫与谋杀案分部。在有着“天使之城”美誉的洛杉矶市，他们每天都要追捕穷凶极恶的歹徒，将他们绳之以法。

还有更好的，去老贝利的中央刑事法院。这是英国最伟大的、也可能是世界上开案陈词质量最高的地方。这个星球上最优秀的一部分公诉人就在这里。

无论你做刑事业务还是民事业务，作为有抱负的青年律师，度过下午的最好方式就是去老贝利旁听，看看他们如何工作，从中学习。真的，不仅免费，还很精彩。

★ ★ ★

高调开案的一个高风险是承诺一定会提供某些特定证据。

但普通证人通常不太“靠谱”，不管他们自己的书面证言中说了什么，开庭作证时他们不一定还会那样说。他们会疑惑，会忘事。有时，事实在书面证言中被夸大了，在法庭上作证时，他们会更温和，在法官面前也会更谨慎。

高调开案时称证人将会如何作证是很危险的。

★ ★ ★

警察一般是能够言行一致的，因为他们可以参照自己的笔记，所以通常会说出与他们在书面证言中完全一致的内容。

医生一般也是这样，因为他们会参照当时的笔记。

事实上，通常来讲，大多数的专业人员和专家都能够言词一致，因为他们可以参照笔记、工作记录和报告，提供和书面证言完全一样的证词。

你明白我的意思。如果你高调开案而证词却没有兑现，你会看起来很傻，不再被尊重，并且容易输掉案子。

所以关键是**知道证人将会如何作证**。

★ ★ ★

高调开案可能仅适用于有关键专家和警察作证的重大案件，在这些案件中，你非常清楚证人会说什么。还有某些重大案件，比如诈骗，如果开场没有一点戏剧性的话，可能会有点乏味。

在比较乏味的案情中，你需要平衡两种风险，一是证词达不到开案陈词所设的高度；二是平铺直叙后陪审团失去兴趣、跟不上进度，从而增加了检方最终失利的风险。

因此，一般可以采取如下做法：

有专家证人，

　　或乏味的案件，

　　　　或重大案件时，

　　　　　　高调开案。

如果你在小案子中高调开案，比如商店盗窃，你可能会被看作是维多利亚时代的“假正经”[12]。

★ ★ ★

〔12〕 维多利亚时代尊崇道德，将禁欲推崇到极致，曾被批判为假正经。

在所有其他的案件中，即你执业早期所处理的绝大多数案件，包括商店盗窃，除非你非常有经验，否则最好**低调开案**。

只要把事实说出来就行了，不夸张、不激动，然后让证人来演这出戏。

这种做法是安全的，因为如果证人不能提供关键证据，你也不会失去可信度。你可以根据实际提供的证言来调整你的结案陈词，通常和你的开案陈词风格会有很大差异。

一个低调的开案陈词是冷静的、清晰的，有点枯燥。

低调的开案陈词是对控方事实的总结，再加上一点法律。

这不是起诉书的总结，那是留给结案陈词的。

要记住，在有普通证人的时候，提示他们需要讲到的要点，好过关于要点的确切表述，否则他们说的可能完全不同，给你和审判庭一个意外。

★ ★ ★

开案陈词要说得**慢一点，兼有停顿**。

陪审团刚刚开始接触此案，他们想清楚地理解这个案件是关于什么的。就像我说的，记住一个新组建的陪审团在法庭上有多么惊慌失措，假发和法袍、法庭的布局、被告人的长相，要允许他们分散注意力。

体贴但坚定地让陪审团安定下来。

确保他们明白你说的。

不要因为庭审开始的兴奋而仓促行事。

彰显掌控力。

保持简洁。

★ ★ ★

开案陈词的最后，你要让陪审团考虑三件事：

我们认为你值得信任、有魅力、很明智，这是对你自身而言，而不仅仅是你的案子。

并且，

我们知道这个案子是关于什么的，如何运用证据。

最重要的是，

我们知道应当从证人那里获得什么证据。

现在你能够让陪审团和你同频思考。

他们视你为向导。

他们会跟随你。

此时你就领先于对手了。

★ ★ ★

第12章

证人

律师拥有非凡的“特权”。

她们可以在公共场合向人们提出超级隐私的问题。

且人们必须回答。

除了法官和特定情况下的政客之外，很少有人享有这种特权。

但是风险在于，律师可以随便地走进别人的生活，把别人的生活搅和得乱七八糟，然后就跟个没事儿人似的转身离去，紧接着就跑出去跳个华尔兹、喝个红酒。

公众有时候觉得律师就是这个样子。

对于律师而言，这只不过是普普通通一天的工作。但对于证人来说，她们通常从未接受过法庭发问，以后可能也不会。这样的经历可能是毁灭性的，永生难忘的。

★ ★ ★

第12章 证　人

Amy律师导读

法庭发问技术应是律师的核心技能。可能很多人说这是“舶来品”，水土不服，中国证人出庭率很低。出庭率是低，但不是零，也不是一成不变的。随着庭审中心化的司法制度改革，出庭的证人肯定会越来越多。我曾经历过受害人、目击证人、警官、鉴定人、具有专门知识的人出庭作证并向她们发问。有效发问会为辩护工作打下坚实的基础，其重要性不容忽视。

不要变得麻木不仁，要记住你将对别人的生活产生多大的冲击。

★ ★ ★

证人也是人。

她们不是物品。

试着表现出你关心她们的故事，在交叉询问阶段也应如此。展现你的同情心，这是人与人之间的对话，对待你自己的证人，以及对待对你案件中最不利的证人都是如此。如果她们是错的，没关系，但请用对待人的方式对待她们，而不是像对待一个垃圾。

她们不是实验室的标本，能被麻木或轻蔑地挑选。

有些糟透了的律师对证人的态度令人震惊。

绝对，

永远，

不要那样，

绝对不要。

如果你不得不攻击某个证人，试着仁慈，而不是严苛，严苛的态度一定要少用。谨记，人们常常为了保护自己的尊严、亲人或面子而撒谎，这是人类的正常反应。你的工作通常是找出真相，而不是把别人搞得灰头土脸，能为你赢得尊重的不是得理不饶人，更不是绝对正确，而是你的和善。

★ ★ ★

始终彬彬有礼。

保持住。

即使是面对着对你案件最不利的证人。

尤其是对这样的人。

愤怒，

轻蔑，

抑或辩解，

是

　　非常，

　　　　非常，

　　　　　　危险的。

★ ★ ★

轻蔑使你显得傲慢，并因此失去尊重。

愤怒使你看起来像是要输掉这个案子。

辩解会让人觉得你陷入案子太深。

在保持理智的同时，试着想象自己在这场斗争中处于领先地位。

一些律师可以娴熟地打好轻蔑这张牌，这些律师都很有经验，而且她们一般不在询问之初使用这个技巧。如果你打得不好，往往会输掉案子。

所以在执业初期，不要这样做。

★ ★ ★

证人通常会因审判庭、假发、和引人注目的长袍这些场面而怯场。

如果是你的证人，想办法**让她们放松**。

让她们慢慢安定下来，

先问一些简单的问题。

★ ★ ★

在开庭审理中让普通证人陈述她们的家庭住址时要小心，这常常是不必要的问题，会让她们慌乱。公开地址是否必要？能写下来吗？你琢磨琢磨。

确保提问的措辞简单。

一次只问一个问题。

看着证人，

眼神交流。

微笑，能创造奇迹。

让她们保持声音洪亮，让整个房间都能听到她们的声音，提醒她们麦克风通常只记录她们的声音，而不会放大她们的声音。

请她们面对审判庭，而不是律师，直接面向审判庭发言，尤其是回答非常重要的问题时。

★ ★ ★

和你的证人一起商量出一套体系。

提问，回答，提问，回答。

营造对话的感觉。

保持这样的节奏。

但要掌握好对话的节奏，以便法官做记录。

保持对话缓慢、平稳和愉快，证人会感到更舒服。

牢记，每个证人都有个性。试着让她们展现出这些个性，否则她们可能会由于不自在而表现木然、枯燥无趣，而不被采信。

★ ★ ★

最后，面对审判庭的沉闷气氛、各种仪式感和陌生环境时，你的证人要开始讲她的故事了。

她们可能觉得在律师面前去讲故事要用非常正式的语言。

告诉她们千万别这么做。

让她们去讲故事，
轻松点，用她们自己的语言，
不要想着去给所谓的聪明律师留下深刻印象。

★ ★ ★

第 13 章

发　　问

发问应该简短。

每次发问都应该只寻求一个事实。

只有一个。

每次发问应该是一个问题，而不是把多个问题纠缠成一个大长句。

★ ★ ★

一个问题寻求一个事实。

“你的车是什么牌子的？”

“它是什么颜色的？”

“车前有什么损伤吗？”

而不是：

“和我们说下你的车，比如，车的牌子，颜色，车前是否有损伤？”

★ ★ ★

一个问题寻求一个事实。

在直接询问，
以及在交叉询问中
都适用，
自始至终。

一次问很多问题会在证人的脑海中形成一个问题清单，证人本来就感觉不自在，根本记不住所有问题，从而只会回答其中的一两个问题，而且很可能不会按书面证言作答。

如果你问了又长又多的问题，会显得你笨拙，证人会觉得很困惑，你和证人的可信度也就降低了。

★ ★ ★

发问前请先想好怎么问。

不要以为你一张口就会知道该怎么说，你的问题很可能会又笨又长。

如果事先没想好具体怎么问，发问很可能会磕磕巴巴，嗯嗯啊啊。

嗯嗯啊啊是指你在发问的过程中发出嗯嗯啊啊的声音。问问同事你是不是这样做了，因为你自己肯定没意识到。

自己录下来看看。

如果你是“嗯嗯啊啊”一族，这里有个可能帮到你的窍门：让自己有意识地在每一个问题之前**轻轻地、安静地呼气**。这样你就会改掉这个毛病。

另一个窍门是在每一次提问前把注意力放在**扭动你的脚趾上**。我之前提到过，这么做替代了其他小动作。没人看得见脚趾。努力扭动脚趾占用了你的大脑，你就会忘记嗯嗯啊啊。

★ ★ ★

嗯嗯啊啊是为了填补空白，这种声音是在你考虑下一个问题时用来填补回答和下一个问题之间空白的。通常，当每个人都在等你要说什么时，我们会觉得沉默让人不舒服，所以会不自觉地用一些声音去填补这样的沉默。

不要因沉默而感到尴尬。

享受它，用它制造紧张，用它创设威严，不逃避。当所有的目光都注视着你，等待你的下一个问题时，让他们把注意力集中在你身上。

站如松，享受你的控制力。

★ ★ ★

其他用于填补空白的口头语有：

对，

好，

还有，

所以，……

别这么做，拜托了！

有时，在证人每次作答后，律师都会说“对”或“好”。同样，你可能意识不到自己这样做了，所以问一下你的同事，或者看看录像。

说“对”或者“好”的问题在于，除了像嗯嗯啊啊一样令人不快之外，还会暗示你是认同证人的，告诉证人这是正确的答案。看起来像是你在告诉证人应该说什么，这会降低证人可信度，当然也会降低你的可信度。

至于“还有”，它连接了你的下一个问题，直白得令人不快，所以听众开始不停地关注这些重复的用词，像玩游戏似的，只是听下一个“还有”，而听不到提问和回答。

★ ★ ★

“所以”和“还有”很像，在律师的脑海里，这些都是用来连接下一个问题的，但与“还有”不同，“所以”和“因此”类似，词语本身暗示证人应该得出一个**结论**。然而，律师用该词的时候只是想用于填补空白，并非要求证人得出结论，但这经常会给证人造成困扰。

★ ★ ★

另一个填补空白的方式是复述答案。

有时律师在提出下一个问题之前会复述刚才给出的答案，以填补自己思考下一个问题时留出的时间间隔。

这极其令人讨厌。

这让你看起来好像在过分强调答案，从而破坏了你的可信度。

运气好的话，法官会制止你。

★ ★ ★

但不要混淆无意义的复述答案和**有意地重复**。

当你重复的答案会给对手造成毁灭性打击时，要有意地重复。

缓慢地复述，

让这个答案在空气中回荡，

用期待的眼神看着审判庭。

针对一个证人只做一次或两次，不然你会被当成个戏精。

★ ★ ★

所以，为了强调这一点，我要再说一遍

填补空白的口头语是：

嗯嗯啊啊，

对，

好，

还有，

所以……

或者无意义地重复答案。

你这么做时，法庭会只关注你的口头语，不再听证据的实质内容，每次你这样做的时候，法官心里都在暗笑，认为你是个小丑。

当他们认为你是个小丑时，你就不会有说服力。

填补空白非常难以控制，但你必须让自己意识到这点。

依照我说的，试着短暂地呼吸，或者动动脚趾。

无论如何，改掉这个习惯。

★ ★ ★

第 14 章

直接询问

有些人说这是最难学习的技能。

在一些法域里，它被称为主询问（Examination in Chief）。

它比交叉询问更难。

为什么？

因为我们必须要在不引导证人的情况下获取相关证据。

不能引导。

★ ★ ★

Amy 律师导读

中国的法庭没有区分直接询问和交叉询问，而是统一规定发问不得诱导。然而，适当的引导是可以的。虽然未做区分，但控辩双方证人的立场会直接影响其证言的倾向性，也决定了通过发问获得有利证言的难易度不同，所以本章和下一章所述的很多发问技巧也可以灵活运用于中国的法庭。

应当注意法庭发问不得诱导。《最高人民法院刑事诉讼法解释》第 261 条和《人民检察院刑事诉讼规则》第 402 条均规定了不得向证人诱导发问的规则，但《国家公诉人出庭指南》中规定可以采用引述此前笔录和用以唤醒证人记忆的发问方式，即引导性发问。

对警察和专家担任的证人来说，这很容易，因为她们有笔记作参照。

而普通证人靠的则是**记忆**。

过了几个月以后，事实对她们来说可能会变得不同，她们时常会在某个点上摇摆不定，需要你把她们拉回到相关事实上来。

一个放松的、被你的微笑和清晰的开场发问安抚过的证人，更有可能说出你需要的内容。

铭记：一个紧张的证人通常大脑一片空白。

★ ★ ★

在有争议的事情上，你不能引导，

在没有争议的事情上做引导没问题。

问你的对手什么可以引导。

有时候，她们的答案是都不可以引导。

但通常，像事情发生的日期、地点、具体时间、证人的名字、职业是可以引导的。通过引导这类问题，可以让你把证人席上的证人体贴地安抚好。

★ ★ ★

Amy律师导读

英文文本中的引导（leading）发问长久以来被翻译成诱导发问，我个人认为这是不准确的，因为“leading”一词中基本没有负面价值评判色彩，而“诱导”一词则蕴含负面价值判断，如“诱供”。本书在翻译中将“leading question”翻译成引导性发问，与其他著作或文件中所对应的中文翻译有矛盾，可能会造成混淆。请读者在运用的时候不要陷入诱导还是引导的词语纠结，应着重于灵活掌握有效组织发问的实务技巧。

需要明确什么是不被中国法庭允许的发问方式？

答案是可能影响陈述或者证言的客观真实的发问方式[13]。

---

〔13〕《人民检察院刑事诉讼规则》第四百零二条　讯问被告人、询问证人不得采取可能影响陈述或者证言客观真实的诱导性发问以及其他不当发问方式。

辩护人向被告人或者证人进行诱导性发问以及其他不当发问可能影响陈述或者证言的客观真实的，公诉人可以要求审判长制止或者要求对该项陈述或者证言不予采纳。

因此，开放式的发问（稍后就会讲到）是被允许的；

有目的地重复证人此前刚刚说过的话，或引用此前笔录中的内容，是被允许的；

问案件中无争议的客观事实，客观规律或常识方面的问题，一般也可以直接问；

但如果律师代替证人作答，在问题中隐含证人尚未提到的内容，问题本身预设答案，或限制答案范围，影响证人作答的客观性，则是不被允许的，会被检察官反对，或被法官制止。

引导性问题就是暗示答案的问题，

这是很简单的概念。

然而，引导性问题的界限可能很模糊。

有时候甚至可能只是语调。

经验会最终告诉你区别是什么。

引导性问题的麻烦不单单是会被对手反对，而是你必须清楚地知道对方反对你的原因。

如果你引导（本方）证人，审判庭知道你已经暗示了答案，证据的价值就会被削弱。

引导会毁了你的案子。

★ ★ ★

一条重要的原则是，非引导性问题应由下列词语开头：

谁？

什么？

为什么？

什么时候？

在什么地方？

如何？

请形容？

以这样方式提出的问题肯定不是引导性的，可被称作**开放式问题**。

★ ★ ★

除此之外还有其他方式的非引导性问题。

封闭式问题是指问题本身就限制了证人答案的选择。记住，必须要有选择，这是非引导性问题的关键，必须给出真正的选择权。

虽然封闭式问题不是引导性的，但它们也可能接近于引导式问题。

有两种封闭式问题：

选择类的问题，

是/否类的问题。

★ ★ ★

选择类的封闭式问题是给证人几个词来选择：这个男人是高、矮还是中等身高？选择类的问题会提供涵盖所有范围内的一系列词语给证人，审判庭会等证人来选，到底是高、矮，还是中等身高。

是/否类的封闭式问题会请证人回答是或否：这个男性高么？选择是或否。这非常接近于引导，但也可能不是，要根据证据如何发展来判断。这里的风险在于你可能会被认为是在暗示证人答案为“高”。

★ ★ ★

所以在没有开放式问题**做好铺垫**的情况下提出封闭式问题要小心。

你和谁在一起？

：一个男性。

请形容一下这位男性？

：他很高大。

当你说他很高大，这位男性是高、矮还是中等身高？

：他高于中等身高。

这位男性身高很高？

：是的。

这些问题是各种非引导性问题的混合，前几个问答为封闭式的选择问题，这为最后的封闭式是/否类的问题做好了铺垫。

如果你将最后一个问题作为第二个问题提出，你会察觉到你过快地问到封闭式的选择问题了，因此你的对手很可能敏锐地提出反对，认为你看起来是在鼓励证人，在没有铺垫的情况下引导她说这位男子身高很高。

★ ★ ★

对于封闭式问题，**要非常注意语调**。你可能被指责是在通过提问的方式暗示给证人正确答案。

比如，你不能小声地嘟囔出前两个选词，然后微笑地大声地说出第三个词，很明显你这是在鼓励、引导证人说“高”。

★ ★ ★

谨慎对待封闭式问题，**给出真正的选择权**。

我之前提过一次，但值得再重复一遍。

如果你想要的答案在几个选项中是显而易见的，你无疑会受到批评。

“是以下哪种情况：天很黑以至于你什么也看不见，或者你可能还可以看见一点儿，还是你能清楚地看到盗贼的脸？”

理论上来讲这个问题是有选择的，但假设你在做控方，你想让证人说什么已经很明显了，这个问题没有真正的选择过程，是具有引导性的。

★ ★ ★

另外，问题可能这么问：

当时照明情况是怎样的？（开放式）

：有路灯。

光线是黑的还是昏暗的？（选择性封闭式）

：昏暗的。

你能看多远？（开放式）

：10 米远。

你能在这么远的地方看到什么？（开放式）

：我可以看到盗贼。

你能看到他的什么？（开放式）

：我能看到他的上身。

你能看到他的头部吗？（是 / 否类封闭式）

：是的。

你能看到他头部的什么？（开放式）

：我能看到他的脸。

你是说你能看到他的脸吗？（是 / 否类封闭式——重复以强调）

：是的。

如果不确定问题是否构成引导证人，换位思考如果你是对手会怎么想。

★ ★ ★

避免类似的标准式句式：**接下来发生了什么？**

有时候证人会给你一个不可思议的回答。

然而，大多数情况下，这种问题是失控的。证人提供的细节可能太多，也可能过少，甚至可能直接跑题了。

★ ★ ★

为了避免因为提出“接下来发生了什么？”这样的问题而对证人失去控制，需用“**承接**”法来代替。

“承接”法是把上一个答案的一部分放在下一个问题中，在时间或空间上固定证据。注意下列粗体字承接的内容：

你在哪里？

：我在沙发上。

你在哪个房间的**沙发上**？

：客厅里的。

在客厅里，还有什么其他家具？

：一个桌子，一个电视机，还有一张椅子。

你**在沙发上**的时候能看到**电视机**吗？

：是的。

你在沙发上能看到电视机的哪部分？

：全部。

在沙发上你在看着**电视机**吗？

：是的。

你是否注意到有关**电视机**的什么？

：是的。

你注意到了**电视机**的什么？

目前为止，没有引导性的问题。

欲知最后一个问题的答案，请翻一页。

★ ★ ★

“我看到上面有一支枪”。

好吧，有一点过于戏剧化了，我是想让你记住“承接”法。

那么，记住它吧。

★ ★ ★

遵照时间顺序。

从最初的事情开始提问，之后是中间，再到最后，这样证人更容易接受。

奇怪的是，很多律师不按照时间顺序，跳跃性地发问，证人也经常如此。要注意并避免这一点，否则案子会变得混乱。

★ ★ ★

然而，如果证人错过了一些证据，就暂时这样，之后再回过头来处理。

当然，这破坏了按照时间顺序提问的规则。

但如果你一直问证人是否还有其他的事情，会令证人更加慌乱。

一个慌乱的证人大脑也会更加空白。

此外，你这样就是在冒险，审判庭可能会注意到你在担心遗失某项证据。这个风险在于即使你最后拿到了那个证据，如果审判庭感觉你的请求和焦虑地重复询问是在提示证人，证据价值可能会被破坏。

注意要记得回到这个问题上来，虽然这确实很容易忘。

另外，别忘了换个问题来问，区别于此前未达到提问目的的问题，让你听起来像是在寻找新的东西。如果你用原来的问题，证人一般会下意识地想起来，然后给出和之前一样没用的答案。

★ ★ ★

直接询问中最重要的是**知道**针对每个证人**提问的目的**。

提问目的在你收到案情摘要后**写结案陈词时**就已经想好了。

知道每个证人都需要说些什么才能让你的案子赢。

如果你确切地知道你想要什么，得到它就会相对容易。

你想要的只不过是结案陈词所必需的。

要记住，询问证人不是一般的问话。

要集中在结案陈词所需的内容上。

另外，询问应该尽可能简短，同时使证人保持放松状态。

★ ★ ★

第 15 章

交叉询问

大原则是**不问**。

加粗这个词是有原因的。

★ ★ ★

法学院的学生们几乎天天都在梦想着有朝一日他们可以在法庭上对证人进行交叉询问，但他们的榜样几乎都不是他们亲自观察过的真正法庭上的律师，而常常是出自《洛城法网》、《佩瑞·梅森》或者《帕特塞利》（我又暴露我的年龄了……）、《义海雄风》，甚至是《金装律师》这些电视剧中的角色，《金装律师》这部美剧较新，更有趣，但却很傻。从电视剧中学来的榜样，无论是烂片还是好剧，在实战中都是**完全没有参考价值的**。

电视剧里的证人会号啕大哭。

他们以说谎者、骗子、暴徒的形象示人。

他们承认自己有罪。

他们最终哭着承认交叉询问他们的律师是对的，法官敲着法槌，旁听席上的人们唏嘘不已。获胜的律师大摇大摆地走回自己的座位，而证人，就像一只刚刚被律师猎人打死的鸭子，横尸法庭。

在现实生活中这些都不会发生。

★ ★ ★

被交叉询问的证人不想承认你是对的。

他会竭尽全力进行混淆。

他会曲解你的问题。

他会给出含糊其词的答案。

他会试图利用你的问题重复他证词中的重要内容，而这些重要内容对你来说是毁灭性的。

他会号啕大哭吗？从来不会。

他会说“那是位好警察，把我逮个正着”吗？绝对不会。

与电视剧不同，证人没有必须遵循的剧本。他会绞尽脑汁从你的问题中挣脱出来。

交叉询问过程中的每个问题都可能使你**陷入水深火热**。

这正是证人攻击你和你的案子的机会。

★ ★ ★

所以你的直觉应当是不问。

问问自己是否真的需要交叉询问。

有些人认为，我们必须向所有人提问，否则我们就无法给客户留下好印象。

荒谬。

太荒谬了。

但真就有人这么想。

这种人还不少。

永远要先这样考虑：可以不问，就不问。

★ ★ ★

如果你不得不问，这儿有十条规则。

十条。

在你执业的前五年，千万不要违反这些规则。

绝对不要。

呃……当然，你还是会违反的。

但是你不该违反。

你很难控制自己，大家都一样，但是你应该知道有这十条规则。反过来说，在你每次违反这些规则的时候，你都要意识到这件事。

如果你准备违反一个规则，你应该问问自己：“哦，我就要违反一个规则了，我应该这么做吗？这么做有什么好处？会出问题吗？”

★ ★ ★

关键是**你一定要意识到你正在违反规则**。

比起你不知道这些规则，而且还不知道自己违反了规则（这谁也避免不了），当你有这个意识时可能就会减少损失。

所以你要学习这些规则。

要做到在梦里都能讲出这些规则来。

★ ★ ★

第一条规则：**速战速决**。

避免围剿。

别给每个证人准备太多问题。

你应该像个突击队员，进攻，得到自己想要的东西，然后，撤退。

记住，那里很危险。

每个问题都有可能给你招致灾难。

所以，

不动声色，

巧妙，

简洁，

是你应当具备的特质。

这是一场突袭，速战速决，而不是围剿。

★ ★ ★

第二条规则紧接着第一条：**适可而止。**

当你已经获得了结案陈词的素材，

停，

停，

停，

停下来。

你听见了吗？

停下来。

不要再尝试让证人回答得更合你的心意。

证人会意识到你似乎抓住了他们的弱点，他们会往回找补。

根据你结案陈词的需要，来衡量证人的每个答案。

如果证人的答案满足了你的要求，**那么，停下来！**

★ ★ ★

尽量不要对证人说“谢谢”，因为这会暗示你已经得到了想要的证词，他们就有可能试图否认刚刚说过的话。

干脆地停下来，彻底地停下来。

★ ★ ★

第三条规则很难遵守：**不知不问。**

不要问你不知道答案的问题。

不要用交叉询问来试探。

你不知道会得到有用的答案。

你得到的答案可能是有用的，

但小心，也可能没有用，一点用都没有。

你是在拿你的案子赌博。

有时候你不得不赌，但是请尽量不要这么做。你必须要有一个精于计算的大脑，根据你与他人打交道的经验，对你面前这位证人进行评估，巧妙地计算出你获得有用答案的概率。

但这种法庭上的机敏，需要多年的实践才能拥有。

★ ★ ★

只问你已经知道答案的问题意义何在呢？

意义在于**吸引听众关注**你的观点。

★ ★ ★

如果陪审团还没有从你的角度来看待证人。那么，你应该引导他们这么做。

证人说，入室盗贼是他认识的当地人汤米·史密斯。让我们假设以下事实都已经在书面证言或直接询问中出现（这样你就没有违反第三条规则），但这些没有争议的事实在对方律师对其证人的直接询问中出现时是零碎的、分散的。

现在，你需要把这些事实组织起来，呈现一个新视角。

★ ★ ★

你的视角。

事发是在凌晨3点?

：是的。

是在晚上?

：是的。

入室盗贼是在花园里?

：是的。

你当时在家?

：是的。

你开灯了吗?

：是的。

你看到入室盗贼了吗?

：当然，是的。

在后花园?

：是的。

40英尺外?

：是的。

房子的前面有路灯?

：是的。

他从后花园跑掉了?

：是的。

朝着远离房子的方向？

：是的。

他翻过了栅栏？

：是的。

花园长 50 英尺？

：是的。

他花了 10 秒钟到达栅栏？

：是的吧。

他花了 5 秒钟跳过栅栏？

：对。

他很着急？

：是的。

你无法相信你所看到的情形？

：是的。

你当时刚刚醒来？

：是的。

你对听到的噪声感到疑惑？

：有点儿。

你打开了灯？

：是的。

你朝窗外看了？

：是的。

你说他抬头看你了？

：是的。

然后他离开了？

：对。

★ ★ ★

假设争议焦点是证人的辨认是否有效，那么现在结案陈词应该说些什么就非常明显了。

如果你还不明白，再读几页之后你就知道了。

注意这些问题，或者说这一连串陈述，是怎么改变陪审团对案件的看法的。

交叉询问就是为了**改变看法**。

交叉询问的目的就是让陪审团开始从你的角度来理解案件，

而不是让证人号啕大哭。

★ ★ ★

第四条规则体现在你刚刚读到的问题中：**保持引导**。

永远只问引导性问题。

没有例外。

永远不要问开放性问题。

告诉证人你期待的答案是什么。

你应该知道答案是什么，因为答案已经在书面证言、直接询问或者常识之中了，因而证人应当会对你提出的引导性问题作出肯定回答。

★ ★ ★

只有引导性问题才能控制答案。

这是因为：

引导性问题给出了答案，

而证人简单地回答“是的”就可以了。

对每个问题理想的答案就是“是的”。

你给出了答案，你就能掌控答案。

掌控答案就意味着掌控证人。

交叉询问的证人如果失控了，那可是要命的。

真的是要命的。

你先说出答案，然后加个附加疑问句。

可以这样问：

“不是这样吗”或

“是这样的，对吧”？

或把一个陈述句转化成一个问句。

有时，很明显你是在提问，你甚至不用说“不对吗？”。

★ ★ ★

不要这样问：

“猫坐在垫子上吗？”

或者

“猫在哪里？”

而要这样问：

“猫坐在垫子上，对吗？”

因为你已经从书面证言或直接询问中知道了答案，证人一般会说“是的”，并不会再多说什么，这样证人就牢牢在你的掌控之中了。

★★★

如果你想让证人失控，并且给予他致命的打击，自我毁灭。

那么最好的方法就是在问完证人问题之后，请证人就这个问题作出解释。

★ ★ ★

所以，第五条规则就是：**不让解释**。

绝对，

绝对，

绝对，

不要让证人解释。

绝对不要！

即永远不要问证人**“为什么？”**。

让证人进行解释的麻烦之处，在于它会摧毁你自己对问题所给出的解释。你的解释是要留在发表结案陈词时说的。而证人现在作出的解释会削弱不久之后你在结案陈词中就这个问题想要给出的解释。

证人几乎

总能，

总能，

找到解释的办法，尽管你觉得自己已经做到了运筹帷幄，计划得天衣无缝。

★ ★ ★

在影视剧中，证人会耸耸肩，说他们无法解释，但现实完全不是这样。

你可能认为不可能还有其他解释，所以你给证人下了结论，使出了你认为的撒手锏。但证人现在是在为自己的生命而搏斗。所以，小心点，他总会想出办法的。

当他解释的时候，他会借此机会再次夺回话语权，说服陪审团接受他的证词。

说服陪审团是你的工作，别让对方从你这里将其夺走。

★ ★ ★

第六条规则自然衔接第五条规则，这条太重要了，可以立个碑：**不予评论**。

将你的结论留给陪审团，

绝对，

绝对，

绝对，

绝对，

不要留给证人。

有时，这一规则也可以被理解为不要向证人提出“**结论性问题**”，也就是要求证人给出结论性答案。

在某种程度上，这条和第五条规则原理相通，即不给证人解释的机会。如果你向证人提出一个结论，而这本该是你向陪审团阐述的观点，那你实际上就是在让证人去解释你的观点或结论正确与否。

★ ★ ★

重新回到我们刚才提到的入室盗贼身上。

根据前面的证据，我们希望向陪审团提出以下观点：

“当时一片漆黑，他在 40 英尺开外，抬起头看。在房子的另一边有一处路灯，但没有证据显示花园里有灯光。接着他跑掉了，暴露在证人视线中 15 秒之久。既然证人可以看清他的脸，那证人绝不可能仅仅在他闪入黑暗之中的那一刻瞥到他。在他逃跑的过程中，证人应当是一直盯着他的后背看的。证人才刚睡醒，而且睡得很熟，迷迷糊糊地，无法相信他所看到的事情。当时正是晚上，证人的房间开了灯，大家都知道此时窗户会反射出证人和屋内的景象，这会强烈干扰证人的视线。总而言之，我们只能得出这样的结论：一个在屋内睡意朦胧的人，瞥了一眼 40 英尺外没有灯光的黑暗之处。这不足以使独立且公正的陪审团相信他的指认无误。”

非常棒的意见。

★ ★ ★

律师试图从证人那里获得结论的做法，是否经常发生呢？

这个问题确实有点傻，但请相信我，这种事情常常发生："考虑一下我之前问你的当时的情况，你其实并没观察那么长时间，或者说看得并不清晰，所以你自己也不确信你的指认无误，对吧？"

他会回复什么呢？

★ ★ ★

“不，我当然确信。我视力极佳，他抬头看了我很久，而不是只看了一眼。你之前没有问过他看我看了多久，一定有十秒。我可以看得出他在想应对之策。卧室的灯光把他照得很清楚。而且当时我因为受到了惊吓，已经完全清醒，而不仅仅是因为听到一些声音感到困惑。哦对，那确实是汤米·史密斯。通过他的表情，我想他意识到我已经认出他来了。我猜这也是为何他在逃跑之前停了很久。我们眼神对上了，就是他。”

天啊，场面已经完全失控了。

因为过分渴望拿下证人，或者说像《洛城法网》里演得那样一举击垮证人，你把一手看起来很不错的牌，打坏了。

所以绝对不要这样做。

绝对不要问为什么。

绝对不要请证人做解释。

请将你的意见留给陪审团。

★ ★ ★

第七条规则：**不要求救。**

不要向证人寻求帮助。

如果你向交叉询问中的证人寻求帮助，你会遭遇当头一棒。这相当于你自己把脖子伸到敌人的铡刀下。你不可能从证人那里获得任何同情。相反，他会把刀落下。

出现这个问题通常是因为你违反了第三条规则（不知不问）或第五条规则（不让解释）。你若抛出你不知道答案的问题，你将会得到一连串给你造成毁灭性打击的回答，甚至极有可能会得到一个彻底击垮你的解释，此时你将完全失去平衡，最终在陪审团面前溺水身亡。

★ ★ ★

于是，你带着谦卑的笑容，想要抓住最后一根救命稻草：

“你肯定无法确定是他，毕竟当时天色那么黑，这才合理，不是吗？”

（我们似乎都能听到你苦苦哀求：“请你同意我的说法，求你帮我一下。”）

然而，并没有救命的稻草，只有你的死敌，就是那位坐在你面前的证人，他的目光像上满膛的机关枪一样，集中火力在你身上扫射。

你死定了，而且片甲不留。

★ ★ ★

所以，你要学会在面对这些毁灭性的回答时表现得镇定自若。你得会演，这是一个你必须学会的技能。在证人给出毁灭性答案之后，陪审团会看向你，就像是在网球比赛中，观众的目光会随着打向你的网球，落在你身上，你必须表现出应付自如的样子。如果你看起来像是接漏了球，陪审团会注意到的。

这时只需要讲：

“我敢说……”或者

“哦，我懂了……”或者

“这很有用……”

要让一切看起来都很正常。

无论怎样，不要让人觉得你急需帮助。

★ ★ ★

第八条规则：**一事一问。**

一次只问一件事情。

某些律师在一个问题中夹杂了大量的信息。问题的信息量太大，证人会感到困惑，从而不会直接回答："是"或者"不是"，他会从你提出的众多问题中挑出一个细节，然后给出一段冗长的解释。

冗长的解释将会击垮你。

证人可以借此重新夺回控制权。

重要的是，这会给证人复述他们故事的机会。

一个故事，如果陪审团听一次，可能会相信它；如果听两次，差不多就坚信不疑了。如果你偏偏让这个故事被讲了三遍，那除非爆发核战争，否则再也没有什么办法能够改变陪审团的想法了。

★ ★ ★

所以，不要这么问：

“当时是晚上，一片漆黑，房子前有一个路灯，你透过窗户望向后花园，是这样吧？”

一次只问一个问题：

当时天很黑？

：是的。

是晚上？

：是的。

房子前面有路灯？

：是的。

你望向了窗外？

：是的。

通过背阴面的窗户？

：是的。

★ ★ ★

第九条规则：**提前堵漏**。

在陈述你的案件时，告诉证人他不同意你的观点。

这个听起来很奇怪。

但是很重要。

一般而言，在英国，我们必须把自己建构的我方案情呈现给证人。在其他法域中，你可能不必这样做。

你需要呈现多少内容，展示多少细节，视具体案件情况而定。这是一门你需要通过实践才能习得的艺术，有关法庭辩术的书中列举的规则作用有限。一般的做法是，以履行陈述义务为限，尽可能少地透露案情。

★ ★ ★

律师对绘声绘色的呈现方式非常警觉，原因在于：在你呈现案情的过程中，稍有不慎，证人便会抓住机会抢到话语权，仔仔细细地说明为什么你所说的是错误的，是不应该被相信的。

证人会在他的证言中重述对自己最有利的点，同时还会添油加醋，并用渴望的目光看向陪审团，希望能够获得他们的信任。

所以，不要这样提问："我认为你对被告人的指认是错误的，你觉得呢"？

你会得到一个非常长的答案。

相反，何不这样说："我认为你的指认是错误的，但你可能不同意我的意见，对吧？"

答案是"是的"。

也只有"是的"。

★ ★ ★

这样问，你就不是与证人在证据问题上争执不休，从而给他解释的机会的人。

相反，证人对你提出的问题只能表示认可，即“是的，我不同意”。

这一回答是中立的、平和的、适当的，是能获得广泛认可的。你已经履行了陈述你方案情的义务，往往也能避免证人在回应时对你发起攻击。

★ ★ ★

第十条规则：**反弹战术**。

与证人对质时使用反弹战术。

同样地，反弹战术是为了改变陪审团的看法。

我们在第三条规则的最后提及了改变陪审团的看法。

反弹战术极其重要。

如何让一个证人说出你想让他说的话？

理想情况下，你希望证人泪流满面，坦白罪行，说“那是个好警察，把我逮个正着，我一直都在撒谎”。但事实上他们从来不会这样做。

问题是，你可以得到近似的效果吗？

你能否让人**主观上觉得**，那确实是一位好警察，证人也被抓了个现行，但他坚决不承认，这不也是人之常情吗？

这时就需要使出反弹战术了。

★ ★ ★

让你方理解的案情在证人身上反弹回来。

想象一下，你拿个网球使劲抛向证人，证人不肯接球，于是球反弹到陪审团手中了。

我们只会在与证人正面对质时使用这一方法。

同之前提到的指认入室盗贼的证人不同，他可能只是无心之过，因此没有必要对他使用这一方法。然而，如果我们想证明这个证人就是那个违法犯罪、作奸犯科的罪魁祸首时，我们就可以使用反弹战术。

举个例子，在指控行为是故意伤害，而辩护策略是正当防卫时，这个方法就非常有效了。

你精心搭建起你方案件的每一个细节，然后把它全盘扔给证人，并使其从证人身上反弹至陪审团。

注意要掌握好节奏。

★ ★ ★

这一方法背后潜藏着这样一种心理，即不管证人回答什么似乎都不会影响陪审团的想法。我们假设本案涉及两个男子打架。

你说他先打了你?

：是的。

但是你先打了他?

：没有。

你说他打了你鼻子?

：是的。

但是你打了他的肩膀?

：没有。

你先打的?

：没有。

你用了一根台球杆?

：没有。

充满了愤怒?

：没有。

因为他看了你女朋友?

：这不是真的。

轻佻地看你女朋友?

：没有。

所以你打了他?

：你说谎。

用一根台球杆?

：没有。

又打了一次?

：这不是真的。

然后他打了你?

：是的。

打在你鼻子上?

：是的。

出于正当防卫?

：这不是真的。

请注意，在交叉询问中使用这一方法时，你提出的问题后面并没有加问号。你不是在提问，也不期望得到肯定的回答。你在讲一个故事，并且知道对方会予以否认。

★ ★ ★

当你使用这一方法时，不要盯着证人，因为那样看起来像是在挑衅。

直视，

看着前方或者法官，

并不时地看向陪审团。

这是你和证人针锋相对的时刻。

这不是小打小闹，而是在真枪实弹地交锋。

这是一场文明的战争。

请记住，永远尊重证人。**交叉询问不是审讯**。

即使你在与证人正面交锋时表现得很差，但至少你很礼貌，这样不会使你失去太多宝贵的信任。但是如果你表现粗鲁，法庭一定会对你失去信任，然后你将在庭审中落败。法庭本身是讨厌粗鲁的。你并不知道在一个案件中会发生什么，你只是按部就班地听从指示。所以当你使用这一方法时，要正式、坚定，但**不能进行人身攻击**。

★ ★ ★

要利用你的体态，昂首挺胸，有意做出一些身体动作，保持声音低沉，发问简明扼要，注意礼貌待人。你要说服陪审团，让他们相信你是对的，证人是错的。

★ ★ ★

要记住，在证人席上，证人的装备很少。但是你有一袭长袍，可能还有一顶假发。你有书本和案卷材料做武器。对于如何说服别人，你受过专业训练。你有实战经验，你有优势。

这正是你运用这些优势的时刻。

你需要看起来比证人还要了解他的案件。

挥舞你的剑吧。

但永远要保持礼貌。

★ ★ ★

现在，我想谈一下“机关”。

在考虑是否使用反弹战术时，我们可以在证人的证言中寻找**机关**——顾名思义，一旦我们拉动机关，证人就会掉入陷阱。

但一定要小心。这种方式有可能会在法庭上招来反感，因此它只适用于“对的”证人。对于每一位证人，无论是否对他使用反弹战术，我们都可以在他的证言中寻找机关，但最后是否拉动它，请务必再三斟酌。

有时拉动机关可能会招致审判庭及陪审团的反感。举一个简单的例子，在母亲为自己儿子出具品格证言的时候，你不应使用这种方法。你没有必要对她说，为了保护你含辛茹苦养大的儿子，为了使他免于牢狱之灾，你别无他法只能撒谎。你可以在事后谨慎地对这位母亲作出的证词予以点评，但是一位母亲不应因为她对孩子的感情，在证人席上被逼得无地自容。有时法庭是可以理解作为母亲的这种心情，与此同时他们也会礼貌地不采信她的证言。

所以，请记住，如果你在“错误的”证人身上拉动机关，审判庭可能会不太高兴。

★ ★ ★

几乎每一个证人的证言都有些不那么准确的地方，这就给我们留下了空间，我们可以攻击他，可以削弱他证词的效力，或者可以让他感受到一丝轻微的尴尬。我所说的尴尬并不是那种令人面红耳赤、坐立难安的尴尬，而是你故意创造了一个沉默的时刻，让所有人都意识到，这里有些不对劲儿，就好比你让一个渔夫尽情去神化一条鱼有多大，就好比一个人一直在鼓吹他可以说流利的法语，但你若用法语与他对话，他却无法接话。这是你一把抓住对方弱点时**不言自明的尴尬**，这是交叉询问所能取得的最好效果。如果你猛烈地抨击一位证人，别人会同情他。但如果你让他感受到尴尬，那一刻你就占了上风。

因此，所谓的拉动机关应当能够创造尴尬。

思路是这样的：如果我拉动机关，这个证人是否会被摧毁？

或者这样想：如果我拉动机关，他的证言是否就会被瓦解？

★ ★ ★

还可以换个角度来考虑机关。

我们律所的负责人，已故的御用大律师迈克尔·希尔，曾用钓鱼和咬钩作比喻。你应感知到鱼在什么时候靠近了鱼饵，它不知不觉已经碰到了鱼钩，你要知道该怎样突然收线，这需要直觉和经验。

我无法教给你太多，你要一直思考这件事情，直到某一天，你自然会明白我的意思。我可以教你如何弹奏《致爱丽丝》，你弹得一板一眼，音准臻至完美，这虽然值得称道，但我却无法教你如何去**感受**音乐。

不过，那一天终会到来。

★ ★ ★

一个常见的机关是前后矛盾的证词。

这是指证人所作证言，与其之前所作出的并被准确记录下来的书面证言相矛盾。

这听起来比较简单，实际上是有技巧的。

如果不遵循这些技巧，你很可能会出错。

★ ★ ★

第一步是提到直接询问时的证据，让证人重复一遍他的证言。

假设他之前说的是：那只猫坐在垫子上。

你的第一个问题是：

“在直接询问环节中，你说过猫坐在垫子上，对吗？”

然后你接着问：

“在你的记忆里，你清楚地记得你说的是正确的，对吗？”

证人此时不得不**确认**他的证言。

如果有必要的话，利用庭审记录或你自己的笔记，摘取相关部分让证人进行确认。

★ ★ ★

现在你已经把证人框住，确保他没有回旋余地，我们将此称为“围栏策略”。你需要切断证人的每一条退路，堵住所有小路，把证人赶到角落，用理念上的“围栏”，一步一步，将证人团团围住，直到他被全面封锁，无处遁逃。

下面是这个练习最重要的部分。

你说的是一只黑色的猫，而不是其他的猫？

你说的是星期一，而不是星期二？

你说垫子是在客厅里，而不是在卧室里？

你说的是在早上，而不是在晚上？

如今，你已经把无数的绳索套在了证人的脖子上。通过你的提问和证人给出的肯定回答，你强调了那只黑色的猫在星期一早晨坐在客厅的垫子上这一描述。告诉证人，如果他自己说错了，他应当指出来。

但此时，证人往往已深陷其中，不会自食其言。因为如果他一旦承认自己说错了，就会极大地削弱他的可信度。

如果确认环节和设立围栏环节均安排得当，证人已经就位，一旦你拉动机关，证人将被剔除出局。

★ ★ ★

现在，你需要拿出记载证人先前作出矛盾证言的那份文件。

首先，你要拿出这份**原始**文件。

你把它递给证人，请证人确认文件的**真实性**，你要引导证人去看他在文件上的签名，或者其他能证明文件真实性的特征。同时，注意，你要在这一过程中对他持续施压，让他无法分心去读这份文件。

一份正式的书面证言一般包括附有签名的**声明书**。在该声明书中，证人应当保证其依据所知及所信作证，该证言的内容均真实无误，若有虚假，他会被追究刑事责任。

接下来，你要这样讲：

> 这是一份原始文件，是你向警察作出的证言，你很清楚它很重要。你对所作证言的真实性出具了声明书，请注意声明书上有你的签名，在签署这份重要的声明书之前，你已经检查了这份证言，对吗?

大声读出这份“真实性声明书”的内容，一个字一个字地读，一般来说，其内容包含：本人根据所知及所信作出此证言，该证言的内容均真实无误，本人清楚，故意作出虚假陈述或明知并非真实的陈述，将被追究刑事责任。

★ ★ ★

至此，仍要继续设置**围栏**：你需要让陪审团关注**为什么这份证言的内容一定是真实的**。

你要阐述他是如何作出这份证言的，这件事情对他很重要，这可能是他向警察或者律师出具的，是官方的、正式的，他知道这份证言可能作为一份记录在法庭上使用，他仔细地阅读了这份证言，谨慎地确保这份证言所记载的内容与他想表达的内容是一致的，他使用自己的表述方式作出这份证言，没有任何人教他应该做出什么样的证言，他明白其中每一个词语的含义，他是带着他的老花镜检查的（如果他使用的话），他可以反复地读，在充分考虑后他签署了这份文件，他具备理解文件内容的行为能力，他是清醒的、慎重的，他在当时对该事件的记忆要比此刻在法庭上对该事件的记忆更加清晰准确。

如果你不一一做完上面全部的事情，在你稍后指出他所作证言的矛盾之处的时候，他一定会说，他没有仔细阅读这份陈述，这份陈述是不准确的，这些措辞并不是他自己的措辞，他不知道这件事情的重要性，在做书面证言的时候他刚喝了酒、吃过药或者被外星人分了心，什么理由都可能被提出……他会像一条泥鳅一样想办法溜出渔网。

而且，他总能想办法逃脱！

★ ★ ★

只有在他承认他的书面证言与他想表达的内容是一致的那一刻，只有在那时，你才可以指出矛盾之处，不能早于此时。

然后，你向证人指出矛盾之处，准确无误地、干脆利落地定位到书面证言中与证人证言相矛盾的部分……一针见血……**大声读出来**，不要让证人读。**必须由你来读**，否则证人又会伺机逃脱，他可能假装自己无法阅读，可能说自己忘记戴眼镜了，可能读的不是你想要他读的部分，可能只读对你立场不利的部分，他想要控制交叉询问的节奏，没门！由你读出那一部分，让他跟随你的节奏。

★ ★ ★

你说道：

请看第三页第二段第三行中，以“我在客厅……”开头的那个句子，看到了吗？

（停顿一下，让证人跟上你的节奏）

如果我读错了，请纠正我。你当时的证言是：“周一早晨，我待在客厅。我有一只猫，它是黑色的。它喜欢坐在客厅的垫子上，只有那天早晨，这只猫不见了。”

（停顿一下）

（看向陪审团）

★ ★ ★

现在拉动机关。

当庭作证时，你说猫坐在垫子上，而在你签名确认了真实性的书面证言中，你却说猫不见了。你的证言不可信，对吗？

证人无法回答你的问题，进退两难。而且无论证人如何回答，都已经不重要了。

这就是**戳穿**证人的时刻。

如果你按照上述步骤操作，证人应当无法回应这个指责。

★ ★ ★

显然，证言前后矛盾的机关，是交叉询问被告人的核心手段。一般而言，被告人面对警察的讯问与他们在庭上作证的证言经常会有很大出入。

熟练掌握这一技巧是有效交叉询问的关键。

★ ★ ★

利用证言前后矛盾进行交叉询问的关键点为：

确认直接询问阶段作出的证言，

然后设下严密的**围栏**做好铺垫，确保没有缺漏；

下一步，拿出原始材料，

确认其真实性，

指出证人已保证该证言的真实性，

收紧**围栏**，此时应当确认为什么这份证言一定是真实的。

然后干脆利落地指出矛盾之处，大声读出来，

至此，戳穿证人。

用一句顺口溜帮助大家记忆：

围栏不设好，证人要溜跑。

如果你谨遵上述步骤行事，在利用先前矛盾陈述进行交叉询问这一方面，你应该有不错的表现。

请记住，围栏策略的两个核心环节是：

确保证人当庭证言的准确性，

确保证人书面证言的可靠性。

★ ★ ★

总结一下前面的内容。

请记住：除非万不得已，不要交叉询问。

如果你不得不进行交叉询问，请遵守这十个规则。

★ ★ ★

交叉询问十大法则：

1. 速战速决，

2. 适可而止，

3. 不知不问，

4. 保持引导，

5. 不让解释，

6. 不予评论，

7. 不要求救，

8. 一事一问，

9. 提前堵漏，

10. 反弹战术。

★ ★ ★

学会寻找机关，但是只对“对的”证人拉动机关。

在利用证言前后矛盾进行交叉询问时，务必记住：

围

栏

不

设

好，

证

人

要

溜

跑！！！！！！

★ ★ ★

第16章

再次询问

一般来说，**不要再次询问（补充发问）**。

除非你非常厉害。

这个环节往往会在法庭上突出你认为你的证人最薄弱的点。

如果你不再发问，即便你的证人有表现欠佳的点，通常也会使他人感到你认为你的证人做得很好。

★ ★ ★

再次询问的一种情况是：交叉询问时发现了一个新的需要挖掘的点，而你在直接询问时未获允涉及。其实，这并不是真正的再次询问，而是在交叉询问后进行的一次直接询问。真正的再次询问是针对直接询问中已经问到了、但在之后的交叉询问中被有效反击的部分。

什么是“新”的问题，举一个例子：比如在一个家庭暴力案件中，在交叉询问时，一段关系中的家暴史被牵扯了出来，这是你在原来的直接询问中未能涉及的，因为直接询问仅限于针对起诉书上的指控事实。此时，从交叉询问引申出来，你也许可以请证人回顾整个家暴史。你需要得到法官的许可。但正如你所看到的，这其实是一个全新的直接询问，目的是获取新的证据。

★ ★ ★

一个特别好的再次询问的理由是为了**摧毁**你的对手。

如果证人因对方糟糕的交叉询问感到义愤填膺，可以让她重复她的核心观点，问她是否同意对方律师做出的令人厌恶的解读，问她是否存在表述不准确、夸大、证言不可靠或说谎等情况，并以下列问题结尾：

“最后，对方律师的解读是否是事实？”

你毁了对手的案子。

你毁了对手的可信度。

★ ★ ★

然而，如果在交叉询问过程中出现了问题，那么在再次询问的过程中，尽管现在每个人都知道出现问题了，而且你方的可信度还可能取决于你在不进行引导的情况下如何“拯救”证人，此时你仍有机会进行补救。再次询问通常是非常戏剧化的，全场鸦雀无声，每个人都在向前探着身子仔细听。

所以第一条规则是不要即兴发挥，要万无一失，**做好准备**。如有必要，争取足够的时间。

第二条规则是**先思而后行**。现实地考虑证人在哪些问题上可以进行补救，证人是否有发现问题的智慧以及是否能够自救，与其让证人陷入再次被询问的风险，让事情变得更糟，不如在结案陈词中去解释。在某种程度上，你必须从证人角度考虑，判断再次询问是否会变得更糟。

第三条规则是利用之前的证词来**承接**，干净利落。这就意味着，你要引用证人之前说过的话，要把证人准确地固定在你想要深挖的内容上。准确引用她之前的证言，否则证人的思维可能会陷入混乱。要做到这一点，你需要有一种洞察人性的本能，请参考第二条规则。运用封闭式选择和封闭式是/否问题，这些问题的答案你已经在此前的询问环节中知晓。基本上，你看似在引导，但好像又不全是，这是一门艺术。就像我一开始说的，你可能开始的时候不太在行，所以要小心，要不停问自己，证人目前状况如何，而不是你进行得怎么样。

试想，证人在逐渐爬出被交叉询问时陷入的坑时，可信度如何？

★ ★ ★

让我们回想一下垫子上的那只猫……

在交叉询问过程中，你说你的书面证言是真实的，那只猫不见了，而在直接询问中，你说那只猫坐在垫子上。

我想就此问你几个问题，你明白吗？

：好的。

案发当时，猫是在地毯上还是不见了？

：不见了。

在案发之前，猫是在垫子上还是不见了？

：垫子上。

案发前什么时间，那只猫还在垫子上？

：5分钟之前。

案发之后，你什么时候又看见猫在垫子上？

：5分钟之后。

当你在直接询问中说那只猫坐在垫子上时，你指的是案发过程中的哪个阶段？

：案发前5分钟。

在直接询问中，你的意思是说，在案发的时候，那只猫是坐在垫子上的，是吗？

：不。

你认为你之前说的是什么意思？

：我认为我指的是就在案发前那只猫在哪里，但我现在明白这可能被理解成案发时猫在哪里。

为什么会这样？

：嗯，我很困惑，也很紧张。

你为什么感到困惑和紧张？

：我不习惯在审判庭上，我没理解猫的位置和确切时间的重要性，对不起。

如果你没有意识到猫的确切位置和确切时间可能很重要，这对你就本案案情给出的证言有什么影响？

：没有影响，我猜那只猫逃跑是怕受伤，我可能弄错了挥刀时猫的位置，但我没有弄错刺伤的细节。

★ ★ ★

再次询问并不是每次都有效，要注意几点：使用开放式问题之前要先进行封闭式发问，准备工作一定要做好。运用承接法，逐步提醒证人关注某个问题，为证人制造机会，使其能从之前的坑里爬出来。

或者，基于你对她的判断，如果你感觉她无法对证词中的矛盾之处进行合理解释，你可以在结案陈词中对此加以评论。没人在乎那只猫，它只是一个无足轻重、无关紧要的细节，不影响证人对犯罪行为描述的可靠性，从而避免了在补充询问中使法庭关注到一个无法自圆其说的问题。

★ ★ ★

第 17 章

提高发问技能

有一种练习可以神奇地提高你问引导性和非引导性问题的能力，

教你区分这两类问题，

使你熟练掌握二者的区别。

★ ★ ★

提高非引导性问题的发问技巧，你需要两个同事、三张纸和三支笔。

我们称呼他们为杰克和吉尔。

在你看不见的情况下，吉尔画了一个简单的形状。

你手里拿着笔，问吉尔一些非引导性问题，让他描述他的画。

你现在根据你所听到的描述去画。

杰克也这么做了。他根据他在你询问吉尔时所听到的内容去画。

你们两个各自，在互不帮助的情况下，必须画出和吉尔所画**完全一致的形状**：同样的角度，同样的大小，同样的比例。

★ ★ ★

完全相同的画。

你的问题必须精确，以便能够问出形状中不同线条的精确位置。

你画了什么形状？

：一艘船。

从船头到船尾，多长？

：6 厘米。

它在纸的什么地方？在中间？右边还是上面，确切点儿。

：它的中心在纸的中心。

它有帆或烟囱吗？

：有烟囱。

有多少个？

：两个。

有多少层甲板？

：两层。

有烟从烟囱冒出来吗？

：有。

从两个烟囱里吗？

：是的。

以此类推……

★ ★ ★

在练习的最后，比较这几幅画。比较一下你的画和吉尔的画。比较一下杰克的画和吉尔的画。

你的画和吉尔的画越匹配，你的问题就越准确、越集中。

因为你不知道他画的是什么，所以你的问题自然就不具有引导性。

★ ★ ★

妙处在于，杰克的画和吉尔的画越匹配，说明你的发问就越有效，问答使杰克的脑海中出现吉尔的想法，杰克也就能准确理解吉尔所想。

换句话说，吉尔纸上的画、你在脑海中形成的画，以及杰克脑子里出现的画是否是同一个尺寸、同一个形状，会让你了解到，通过你的发问陪审团是否会**在脑海中形成相同的画面**。

这个练习可以让你评估你提问的有效性，因为如果杰克的画与吉尔的画完全不同，与你的画也不同，那么说明你的提问在杰克脑海中制造出一个糟糕的画面，你会发现他理解的与你和吉尔的都不同。

在直接询问结束时，每个人心中的画面都应该和证人心中的一样。

明白了吗？

★ ★ ★

现在，让我们谈谈引导性问题。

提高引导性发问的技能，你需要杰克和吉尔、两张纸和两支笔。

杰克画了一个吉尔看不见的图形。

你看着杰克的画，问他引导性问题。

你很清楚你想在吉尔心中塑造的画面。

你通过引导性问题来呈现这个图形。

吉尔听着你对杰克所画图形的描述。

如果你的引导性问题拙劣或不集中，就像一个真正的证人在接受交叉询问时会表现的一样，杰克会不同意你向他提出的问题。

你希望杰克总是回答“是的”。这是引导性发问技巧的关键。

★ ★ ★

但是你一定要有条理，斟酌好问题，这些问题相当于在指导吉尔如何绘制出完全一样的图形。

是一条船，对吧？

：是的。

它有两个烟囱？

：是的。

每个烟囱都产生烟雾？

：是的。

这艘船只有单层甲板？

：是的。

船头位于在离左边缘一英寸的地方？

：是的。

船的尾部位于距右边缘两英寸的地方？

：是的。

等等。

★ ★ ★

练习结束时，看看吉尔的画。

这是你在吉尔脑海中制造的画面。

再一次衡量你发问的有效性，因为现在你可以对自己在陪审团和法官脑海中呈现的画面有一些了解。

要想善于提问，你需要吉尔能比较准确地画出杰克所画的内容。

★ ★ ★

这些练习会起作用。

非常有用，

试一试，

经常练习，

发问技能会直线提升。

★ ★ ★

第 18 章

专家证人

询问专家你能行。

不要惊慌。

以下两个必杀技可以帮你有效应对专家证人：

做好准备和注意用语。

* * *

专家可能涉及很多领域。但在法庭上，她们通常主要涉及 DNA、法医、医学、金融或工程学。在国际法庭上，她们可能是区域政治或历史方面的专业人士。

年轻的律师在考虑如何对待专家时，通常首先想到的是这些专业知识太难理解了。毕竟，这就是专家出现在法庭的原因。无论是哪种专业知识，对普通人来说都太复杂了。

通常，你看到一份建筑工程师的报告，其中有大量的数据和图表，或者是一份会计报告，其中有更多的图表，抑或一份科学家的报告，其中包括数学计算以证明统计学角度上 DNA 匹配的机会极小，或者是一份病理学家的报告，谈到一氧化碳对血红蛋白的影响。你会想："天哪，我该拿这个怎么办！"

请深呼吸。

律师都是聪明人。如果你已经在你的职业生涯中走到这一步，那么你就不可能拥有一个平凡的头脑。要对自己掌握专业知识的能力充满信心。

那么，你该如何处理这份复杂的报告呢？

★ ★ ★

好吧，开始阅读，仔细读。

先别在报告上做记号，你只是过一遍而已，放松，享受它。大多数报告都是很好的读物。你有一个案子，你知道争议焦点是什么，所以要知道这份报告不是来自外太空，它是相关的，而且可能会引发很多思考。微笑面对所有的数学、化学公式，专有术语，饼状图，x/y 轴和任何维恩图，它们很快就会变得有意义。

记住，报告必须与争议焦点相关。找到争议焦点，看看报告中具体是怎么讨论这个争议焦点的。很多东西通常都是背景介绍，只是为了引出问题，看起来很厉害，甚至有点吓人，但并不是重点。通过你的专业训练，找出问题的关键所在，然后再往回分析为什么专家认为她能解决这个问题。

无论是民事还是刑事，在任何案件中，都会有人出错。这个人可能撒谎、理解错误或疏忽，或者有点模棱两可，无论报告有多少页，或看起来多么复杂，报告经常会因为某个人而出问题。所以你需要找出这个人，然后处理好这个案子。

现在看报告中是如何处理这些问题的。仔细研究其中对于关键问题的每一步论述是否合理。仔细考虑报告的语言。**翻看字典**，确保你理解了报告的内容。如果你没有理解，那么再来一次，不必惊慌！你会在某个时候和专家见面的，即使只是在法庭上。

★ ★ ★

同专家见面时，你的开场不应该是：请告诉我报告是关于什么的？通过通读报告你应该已经知道了，你应该只针对**需要澄清**的问题或者**争议焦点**提出问题。

当你问出任何一个问题时，**像专家一样使用术语**。

你真的需要明白这一点，请听好。

你需要能够以专家可以理解的方式提问。词语会有特定的含义，一定要弄明白。

重要的是，你想避免专家纠正你在法庭上使用的语言，被指出你是多么草率，或者你根本不明白精准的含义。这些都会让你看起来很笨，如果你被认为是笨蛋，之后你可能就不会具有说服力。

要避免这个错误是很容易的，只要仔细阅读并使用字典，我是认真的。如果不这样做，我保证你会显得很蠢。

★ ★ ★

法庭上通常会有两位专家，你方的和对方的。

在与你方专家的准备会上，永远要问这五个问题，永远，永远。

1. 哪方专家更有经验，我方的还是对方的？

2. 我方最有利的论点是什？

3. 对方最有利的论点是什么？

4. 如果你是对方的专家，你会以什么理由攻击我方，为什么？

5. 我方怎么做才能赢？

★ ★ ★

你通常会发现，只要有两份报告，它们就不会相差太远，因为专家们不喜欢称彼此为“大错特错”。尽管有全部的数学计算和图表，通常还是会有许多难以界定的灰色地带。

这一点很重要，所以你可以抛给对方专家一个致命难题：

这两份报告的意见存在一定程度的分歧，这在这个专业领域内是完全正常的，所以你不能证明另一位专家是错的，对吗？

★ ★ ★

在处理对方的报告时，不要在法庭上太过尖锐，谨记。

在大家心里，专家是文明人，游离于争论外。让她们接受粉碎机式的交叉询问是不合适的。向专家发问的目的应该是梳理出底线，有时指出一些细微的区别，而不是把她们当作骗子来攻讦。

法官或陪审团不能容忍有人企图打垮专家。当然，专家是会出错的，甚至是有偏见的、有立场的，总是去支持一些不可能被证明错误的事情，总是站在其中一方的立场上，或出于经济利益才发表此类意见。例如，一个病人患有“颈椎过度屈伸损伤”，这通常是一个没有身体表征的损伤，可能会在医生间引发很大的争论。但是要小心，试图完全把对方专家摧毁通常会带来不利后果。

此外，大多数专家知道你想要表达观点的分量，所以她们通常会同意你的部分观点以避免全面对抗，因为她们清楚，这里是有灰色地带的。

所以，对待对方的专家，永远不要忘记礼貌。

★ ★ ★

让我们再来谈谈语言表述。当交叉询问对方专家时，如果她纠正了你的用语，会让你很尴尬，这是最容易让你自乱阵脚的地方。所以，确保你理解专家使用特定词语的意义。你没有任何理由不理解科学术语。既然成为一名律师，你就已经接受了良好的教育，相信这一点，打开书本，好好了解专家的世界。

充分的准备意味着你也能成为一个专家!

在这个案子中，就这个问题而言，你就是另一位专家。

★ ★ ★

确保每一个问题都焦点集中、精准，一次只问一个点。

无论是直接询问还是交叉询问，大多数对专家的交叉询问都会出错，原因就在于发问者并不清楚自己每个问题想要得到的精准信息是什么。因此，就像我说的，要真正地做好准备。

在这个环节，明智的做法是将许多问题提前写下来，正确使用语言，消除歧义，并修正发问重点。

* * *

有时只有一位由法院指定的专家，她的证言理论上可以得到双方律师的认可。

我对此表示怀疑。它所依赖的理论是，一个问题只有一个答案，但是专业知识往往是一门艺术，而不是一门科学，应有足以容纳不同观点的空间。

如果只和一个专家打交道，那么当天，你就比以往任何时候都更需要成为一名专家，你要在庭前会议上，拼尽全力使唯一的专家作出对你最有利的证言。这样的会议通常在双方律师在场的情况下进行，这相当于在庭外进行一次微妙的询问，另一名律师也在听，并设法使专家支持她。

在这种情况下，通常准备最充分的律师会成功。原因在于，首先，专家将会看到你已经变成一个相当不错的专家了，有别于你的对手，她感觉到了你的能力，同时也清楚这一问题是存在灰色地带的，她会尝试寻找中间立场以同意你的观点，避免表现得像个傻瓜；其次，如果你确切地知道想要什么，什么是可行的，如何正确使用语言，并相当了解该领域，那么你通常能说服专家，达成合意，继而取得胜利。

★ ★ ★

记住，你是法庭上的专家。

你的优势在于你有庭审经验，知道如何发问，了解其他证人说了什么，所以，请永远不要担心专家证人，每次你都能搞定。

★ ★ ★

第 19 章

结案陈词

结案陈词是律师存在的理由。

这是律师的利器，律师的艺术，**亦是律师展现说服力的时刻**。

有人说，律师最重要的手段是交叉询问。

非也。

一场令人信服的结案陈词可以挽救错漏百出的交叉询问。

而即便交叉询问表现出色，一场表现逊色的结案陈词亦可能导致案件功亏一篑，特别是当你的对手作出了更有说服力的结案陈词时。

重视结案陈词，要么精于此道，要么一败涂地！

★ ★ ★

Amy 律师导读

此处结案陈词可以比照中国庭审的法庭辩论来理解，是集中表达辩护观点的最佳和最后的途径，原理相通，技巧也可直接适用。

谨记，案件呈现的所有内容皆是为了结案陈词服务的。

在收到案件材料后，我们就在准备结案陈词的大纲。

庭审过程中，对所获取的证据，均应衡量其对结案陈词的影响。

询问证人的问题要避免夹杂主观意见。只要能问出足够事实，便可在随后的结案陈词中加以评论。

结案陈词就是让你汇总案件的所有情况、证人的所有回答，以及庭审过程中出现的所有细微状况，然后据此提出己方的主张。

在法庭上最终的结案陈词**应该涵盖**基于案件基本材料所起草的结案陈词**大纲范围的80%以上**。如果能做到这一点，那么你的庭审进展就会顺利；否则，说明你失去了对证人的控制。

★ ★ ★

结案陈词的一切都与说服有关。

100% 都是说服。

这意味着其中的 80% 是评论。

结案陈词并非针对案件事实，而是旨在表达有关案件事实的意见。你引述的事实是为了作出有说服力的评论。而且，你应落落大方地作出经过深思熟虑的评论。

结案陈词不是为了重复事实，**结案陈词是为了解释为什么庭审查明的事实证明你赢了。**

★ ★ ★

要呈现一场令人信服的结案陈词，第一要义是：

每次都要把它写下来。

最最起码，要撰写一份相对详细的讲稿。

总是如此。

绝对如此。

别想临场发挥。

不要想当然地认为你文思敏捷、出口成章，你的案件顺其自然地就能绝妙呈现。

你会发现自己错了。

你会遗漏一些观点。

你会拙劣地表达本应有利的观点。

★ ★ ★

你可能会陷入对自己非常不利的观点，搞得手忙脚乱，而不是灵活巧妙又深思熟虑地避开这些观点。

将结案陈词写下来。

虽然无须逐字准备，但是请**斟酌**你要说出的**每句话**。

用严谨的措辞把自己武装起来，从而有力地支持己方观点。

★ ★ ★

如果你需要时间撰写结案陈词，并整合所有最佳观点，就去**申请一些时间**。

不要害怕提出这个请求。

治安法院和郡法院经常发生庭审突然就到了发表结案陈词的环节。

所以，请争取一些时间。

这是你的机会，也是你的客户通过你实现目标的机会。

别错失良机。

在治安法院，你只需要五分钟就能整合你的想法，但前提是成功争取到这五分钟。

★ ★ ★

之前我提到一些值得反复强调并详尽说明的技巧，你们应当铭记于心。

结案陈词的核心在于**告诉法庭为什么是你方赢**。

当准备结案陈词时，你**脑海中**的第一句话应该是：

“我们赢是因为……”

“我们赢是因为……”的句式可能会多次出现。确定这点之后，现在需要进一步扩充这个句式。

★ ★ ★

结案陈词既不是对证据的叙述，也不是对证据的总结，而是对证据作出的一系列评论。这是辩论，而非复述。

很多年轻的律师只是重复这些证据，而并未一针见血地发表意见。

让我们再次重申：**结案陈词是辩论，而不是复述。**

结案陈词需要分析那些已被法庭听取的证据，提醒法庭关注某些证据，释明**为何这些证据证明你应当赢**。

不要只是简单地重复证据。

★ ★ ★

不要简单地说："当时天很黑，盗贼在 40 英尺之外。"

你应当这么说："当时天已经黑了，因此证人可能弄错了，您能确认他没错吗？况且，你得确认在一片漆黑之中，您被要求确保证人在距离 40 英尺外所看到的内容没有出错。我恳请法庭认可，站在这样远的距离又在夜间观察，您完全有理由怀疑证人指认的准确性。"

评价一个事实时，扪心自问，"为什么这个事实对我有利？"

不要假设任何人都能够猜中你胜诉的原因。将原因讲清楚！

每一次，**都讲清楚**。

★ ★ ★

"三"是结案陈词中的一个重要数字。

如你所知，"三"在任何场合都是重要的。铭记"三段论"。

在跟陪审团（而非法官）打交道的时候，通常最好是：

告诉他们你将会说什么，
然后告诉他们这些内容，
然后告诉他们你说了什么。

这样，你就把你的最佳观点重复了三次。

★ ★ ★

让我们看看这是如何完成的：

用**三个最佳观点**展开你的结案陈词。

总结这些观点。

从现在开始，详细叙述证据并进行评论，然后在案件细节中回应这三个最佳观点。

最后，在结案陈词的结尾部分，重复你的三个最佳观点作为总结。

你看，你已经将你的三个最佳观点重复了三次。

陪审团可能会记住其中的一部分内容，但我们希望他们可以记住全部。

★ ★ ★

"三"永远是好的。

当然，正如前面章节所提到的，这种方法并不适用于向法官们发言的情况。

如果在法官面前使用"三段论"，则你不应重复一个观点三次，毕竟你完全可以期待法官听一次就理解你的观点。

但是，正如前文所述，你能做的是找出三种不同的方法来表述同一观点。

这是有区别的。

★ ★ ★

当向陪审团陈述一个观点时，讲出三个理由。

这位证人不可靠、心不在焉、言过其实。

这位证人很可靠、公平公正、谨言慎行。

这位被告人信口雌黄、谎话连篇、没一句真话。

这个描述是偏激的、荒诞无稽的、异想天开的。

这位专家是细心、谨慎、乐于助人的。

由于一些不可言喻的原因，用三个理由支撑一个观点的方式听起来很好，而且很有分量，即便本不应如此。

“三”会给你助推力。

你的言语会如层层波浪般涌向审判庭。

你要展现出持续不断、势不可当、强而有力的状态。

如果陪审团成员无法集中注意力听取你的理由（这是很普遍且可以理解的），即便他们错过了其他两个理由，只听到了这三个理由中的一个，他们仍会跟随你的观点，因为你的话如同波浪一般推着陪审团前进。

★ ★ ★

“三”都带着节奏。

请注意这点。

它可以引导听众。

想象一下你正在席卷听众，带走他们，他们就像河流中的叶子一样在随波逐流。

语流如同流水一般，给听众指引了方向。

演员们都知道这点。

即便听众并未专注于你精确的用字，你的语句节奏、你的声音和个性也能吸引听众听你指挥。你只用语流就能引领他人。

★ ★ ★

当你发言时，

谨记，

谨记，

谨记，

频繁地，随着你的观点，抑扬顿挫、张弛有度。

变换你的声音。

抑扬顿挫的声音听起来很有趣，而你需要陪审团的倾听。

轻声细气，这样陪审团就不得不身体前倾，集中注意力倾听你说的话。然后稳定地从你的胸腔提高音量，而非咆哮。你声音的作用力正影响他们的大脑。

注意说话的节奏，在适当的时候加快或放缓。

注意在着重强调的词语前后停顿，保持语气平稳，即将结束本句时音量略微加强。

坚定地开启下一句话，提出一个反问，注意在句末提高声调，然后如钢琴音符般逐字回答以示强调，配合得体的肢体语言。

懂了吗？

至少不要让人感到无聊乏味。

★ ★ ★

你需要被记住。

陪审团退席之后需要一些时间才能做出决定，因此你需要找到一种方法，确保自己说的话会被记住。

使用记忆符号。

提出你的三个最佳观点，创造三个字母，然后创造一个表达方式，例如：

我想要强调的三个主要观点如下。第一，证人是可靠的（reliable）；第二，法医（forensics）证据是强而有力的；第三，他已经在警察局向警方认罪（confession）了。字母“r”是指可靠的，“f”是指法医，“c”是指认罪。“RFC”，让我们把这些缩写指代为“拉格比橄榄球俱乐部”（rugby football club）。所以，当你们退席并考虑你们的裁决结果时，请记住“拉格比橄榄球俱乐部”这个词语，你会记得这三个观点：拉格比指代“r”，是指可靠的；橄榄球指代“f”，是指法医；俱乐部指代“c”，是指认罪。

如果处理得当，陪审团在许多年后将依然记得这些记忆符号，更别说他们退庭之时了。这样你的三个最佳观点也就被铭记于心了。

★ ★ ★

手势可以成为行之有效的工具。

避免诸如敲击桌子的装腔作势。
避免过多的手部动作。

无须精心筹划你的手势，那看起来太呆板了。

但是有一些手势是可以的。

没有规定让你必须双手背后。
顺其自然就好。

但是当你做手势时，请确保手势是有的放矢而非画蛇添足。

★ ★ ★

演练，演练，再演练你的结案陈词！

我没有开玩笑。

镜子是一个好工具。这是一场表演。学着观察身体姿态，如何昂首挺胸，哪些手势恰到好处。

如果可以的话，每年至少有一次站在摄影机镜头前，好好看看你自己的表现，判断哪些部分是行之有效的。

这虽然怪异，但却有用。看到自己的表现，你会难以置信。一开始你会感觉尴尬，但是你在私下尴尬总比在公众场合让客户尴尬好得多。不断地演练结案陈词，我保证你会进步飞快。

★ ★ ★

聆听自己的发言，记住多次强调的语流、语流、语流。

结案陈词不应是冰冷的科研论文，而应该是妙趣横生的。

但也不要华而不实。

结案陈词应直击心灵，尤其要触及陪审团或者法官的内心深处。

结案陈词应该包含几分艺术效果。

应该富含**感情**。

应该既矜持有度，又不失热情。

★ ★ ★

说服是**事实与情感双剑合璧**。换句话说，**是理性与感性合璧**，你希望陪审团能感觉到你是对的，而不是仅仅在理智上认为你是对的。你应该首先迎合他们的想法。在陪审团感受到共鸣之前，他们不会接受你的观点。想象你正在选购一支笔，你买的是一支自己觉得对的笔，而不仅仅是能够写字的笔。

当你发现具有说服力的观点时，你会听到“**咔哒**”一声。虽然它并非源于理性，但却恰好**直击心灵**。我不知道这意味着什么或者为何发生，但是它就是击中了你的内心。你明白我的意思。如果你不明白，干脆回家吧，你永远学不会如何说服。它就像大象一样，很难形容，但是当你真正经历的时候你会明白的。

每份结案陈词都应该找到这“**咔哒**”一声。

★ ★ ★

批评证人通常是要以惋惜的语气而并非愤怒的语气。

不要展现出对证人的愤怒。

陪审团往往会觉得你的愤怒不合时宜。

当你询问一名证人时，把你的重心放在抨击证人上是多么令人遗憾。你需要向陪审团暗示，很遗憾你不得不指出证人在夸大其词或编造谎言。这种情况不幸发生了。证人本不应该这么做，但他们却做了。证人本应说出真相，但不幸的是，在法庭上，随着庭审程序的推进，他（证人）变得失之偏颇和倾向于夸大其词。虽然情有可原，但最为不幸的是他（证人）没能准确、如实地作证，各位陪审团成员，正如您可能感觉到的，非常遗憾，证人并没有说实话。

让陪审团对证人感到愤怒。

至于你，他们会觉得你是矜持的典范。

★ ★ ★

当然，结案陈词的内容应该与庭审过程中所听取的证据息息相关。

不要陷入向法庭展示证据或者呈现自己观点的误区。

事实上，你可以两者兼顾，但是需要遵守规则。

★ ★ ★

如果你引用大多数人认可的**常识性**信息，那你所说的内容并不属于展示证据。

如果之前没有向法庭提交大量医学知识方面的证据，你就不能给陪审团讲医学理论上瘀伤的生命周期；但是你可以表达，作为常识，瘀伤不会立即浮现，伤痕可能发红，但不会变黑，黑色瘀青需要一段时间才会浮现，这一点大家都知道。

常识是一个广阔的范围。我们可以从著名的电影、书籍、新闻事件，甚至是普通人在商店或者火车上经历的小事当中得到启发。

★ ★ ★

在结案陈词中加入这些的好处是陪审团成员会与律师产生共鸣。

如果常识引用得当的话，就会创造一种经验、观念、看法和是非标准产生共鸣的氛围。

你不再是以律师身份与陪审团成员对话，而是成为与他们分享意见的人。

如果他们认可你的分享，那么陪审团将更有可能同意你的观点。

★ ★ ★

证据之外能引起**共鸣的画面**可以有力地证明重要观点。

如果你能把案件的主要特点和一些大家都看过的具体画面联系起来，如出自某部电影，那么你就能准确地知道每个陪审团成员脑海中所浮现出的画面了。

虽然每个人大脑中的所见所感会略有区别，但你植入的画面是固定的。

从某种程度上来讲，你可以精准地控制陪审团成员的感知。

让我们举个例子，这可能不是最好的例子，但有助于理解这个观念。

★ ★ ★

我们假设，此时你必须向陪审团解释，一位母亲是因为恐惧将与孩子分离，感到沮丧不安，才攻击了警察。你可以让陪审团联想，迪士尼动画片《小飞象》中小象被迫与母象分离的情节是多么让人悲痛欲绝。陪审团中的大多数成员都应该看过这部电影，甚至很多陪审员看的时候都哭了。你可以非常谨慎地请陪审团回顾上述情节，以使他们理解被告人是为了保护她那受惊的孩子不被带走，才会做出所谓的不计后果且失去理智的行为。若你让陪审员脑海中形成了“小飞象”的画面，这位母亲又怎么会被认定为有罪？

但要确保运用恰当的画面，而不是使用欺骗陪审团的卑鄙伎俩，否则他们不会喜欢的。

做介绍的时候请千万小心，寻找那“咔哒”一声。

共鸣画面的运用往往与律师的感受和经验有关，能够成为强而有力的说服手段。

★ ★ ★

引经据典是常识的特殊展现形式。我们以为人人都了解莎士比亚和那些伟大的小说家、哲学家和政治家的至理名言。但是，他们并不是真正地了解。

引经据典时请小心。

以免听起来华而不实。

最好的展现方式是即兴表达，而非生搬硬套。

如果一个引言奏效，而且直击心灵，陪审团就会与你产生共鸣。

如果一个引言没有奏效，陪审团会认为你是随口提起的，一带而过。

但是要小心。

我认为，除非你具备多年的工作经验，否则就不要尝试引用名言。如果引用错误的论调，你就会失去他人的尊重，而一旦失去了尊重，你就会丧失说服力。

★ ★ ★

现在我们来谈谈意见，黄金法则是切忌看似在表达你的意见。

注意“**看似**”这个词。

这与你的呈现方式有关。

不可否认，结案陈词就是一种意见。

但一定要正确地呈现出来。

★ ★ ★

你把你的意见伪装成评论，然后请陪审团考虑。

换言之，律师的常用短语有：

“**你可能觉得**……被告人在撒谎”

“根据现有证据，**请你考虑**证人是否错了”；

或者

“你可能认为……”

“你关心是否……”

“你的看法可能是……”

虽然你实际上是在向陪审团暗示被告人在撒谎、证人错了，但看起来不是这样，因为它看起来是陪审团的意见，而不是律师个人的意见。

我想在这里概括一下就是：

为陪审团提供他们的意见，而不是你的意见。

★ ★ ★

不要鲁莽地说：

“我相信……”

“在我看来……”

“你应该相信……”

“很明显……”

裁判者会警惕地捍卫其裁决案件的权力。因为你的意见本是无关紧要的，所以陪审团会本能地抗拒接受你的意见。明白了吧？我以前说过，你是无关紧要的。裁判者只会觉得自己的意见很重要。

再说一遍，正如我之前说过的，如果你力劝，对方会反抗。

向法庭结案陈词，要像向贵宾发出精致请柬一般，换位思考，充分尊重对方的感受。

大部分效果显著的结案陈词并非仅仅靠内容取胜，更赢在表达方式。

★ ★ ★

除非你异常出色，**否则不要试图展现幽默**。

幽默必须自然而然，而且必须完全切合事实。如果你偏离事实不合时宜地讲笑话，即使足够幽默，但从专业角度上看，这往往会让你在法庭上陷入困境。

陪审团讨厌这样的幽默，任何裁判机构都讨厌。他们认为你是想通过玩笑来蒙蔽他们，而你认为他们愚蠢到会因为你的取悦而被你牵着鼻子走。

★ ★ ★

还有一点：陪审团并不愚蠢。

有些人喜欢说陪审团是愚蠢的，但事实并非如此。

不可能。

绝不可能。

他们可能会感到困惑，但绝不愚蠢。

某个陪审员可能会存在理解能力缓慢的问题，但由十二人组成的陪审团犹如一个器官，它的功能远大于各个组成部分的功能之和。

作为一个集体，陪审团可以观察到所有的细节，没有任何遗漏，而且相当聪慧。

记住我的话：

永远，永远，永远不要以为陪审团漏掉了什么。

★ ★ ★

由于你绝不能假设陪审团会有任何疏漏，所以你的结案陈词应当**包括所有**可能影响案件的内容。

虽然某个证据只被提及一次，但如果忽略该证据的负面作用就会产生严重后果。这样的证据处理起来非常棘手，再次提起只会引起陪审团的关注，可能制造出意想不到的麻烦。

不，不，不。

麻烦已经存在了，你必须妥善处理。

如果你能看出问题，陪审团肯定也能看出来。

如果你不处理这个问题，他们会知道为什么——他们会知道这个问题能削弱案件的赢面，而且你没有令人信服的答案，所以你会输。

★ ★ ★

在职业生涯的早期阶段，尽量把结案陈词的时间控制在**20分钟**以内，这是一项重要原则。

一旦超过20分钟，我们很可能会让陪审团感到厌烦，除非我们表达技巧极为高超。

这只是个经验之谈。

★ ★ ★

另一个经验是，**结案陈词应该始于控方的证明标准**。

如果你作为控方，告诉陪审团：

“控方恳请各位确认，你们确信他明知而携带毒品。你们是否确信，就是本案的证明标准。控方恳请各位确认，你们的确信是基于三个主要原因……”然后你言简意赅地陈述你的三个最佳观点。“当你们在考量这三点时，你们会发现本案明显符合控方的关键证明标准，即你们确信他明知包里携带的是毒品”。之后，你再深入探讨案件细节，并随之强调你的三个最佳观点，然后给出结论。

★ ★ ★

如果你是辩方，则这样开场：

“认定他有罪，各位必须确信他明知而携带毒品。确信，意味着没有怀疑，并非有可能知道。如果各位觉得他并不知情，或者**可能并不知情**，你们就应当认定他无罪。可能并不知情，也就是说，他并不知情的可能性是合理存在的。被告人无需自证清白，举证责任在于控方，即控方必须排除一切合理可能性证明被告人明知。当你考虑这三点，各位就会发现控方的指控纯属无稽之谈……”然后你陈述三个最佳观点，并再次提醒他们注意定罪标准。“在本案当中，确信意味着完全不存在丝毫合理怀疑的可能性。我恳请你们得出结论，即这种怀疑是完全合理的。各位可能觉得应当认定被告人有罪，但您必须认定他无罪，因为您深知怀疑是不足以定罪的。让我们来看看证据情况……”

★ ★ ★

当你的发言从证明标准开始，陪审团会以此来衡量你所说的一切。

证明标准给陪审团指明了审查证据的方向和框架。

当然，在结案陈词的最后，为了给陪审团留下条理清晰、有始有终的印象，一般最好再次提请陪审团关注证明标准，自然也应再次重申你的三个最佳观点。

★ ★ ★

我想与你分享一个我认为很伟大的演讲。1987 年 6 月 12 日，美国总统罗纳德·里根在柏林的勃兰登堡门前面对群众发表讲话：“戈尔巴乔夫先生，推倒这堵墙。”请在网上观看这段历史性的四分钟视频。

这段讲话让人深刻印象，是因为里根运用了三条原则，即他是无法抗拒、不露锋芒和刚正不阿的。作为美国总统，他本可以把自己摆在高高在上的位置，但他并未如此。相反，衣着朴素的他娓娓道来，没有夸张的表演，立足于常理。这篇演讲十分简单，15 岁的孩子就能听懂并理解到位。虽然他看似在向群众呼吁，维护群众的利益，但他的讲话并非针对群众，其真正的受众是当权决策者，即苏联共产党总书记。从讼辩的角度来看，他并非向委托人发表讲话，而是代表委托人向裁判人员发表讲话。

真正理解这点了吧！里根并非迎合大众，尽管人们为之鼓舞，实际上他是在与决策者对话。重要的是，他试图从戈尔巴乔夫的角度来看待问题，并颇具说服力地指出，如果苏联确实如戈尔巴乔夫所言，希望开放和进步，那么显而易见的做法就是推倒柏林墙。此处产生了共鸣，你不仅是在理智上认为他是对的，从情感上也觉得他是对的。他以“打开这扇门”引向结尾，从而彰显理性，然后以“推倒这堵墙”完成讲话，从而展现感性。行文虽显克制，却直击心灵。这份演讲虽然质朴，但极具说服力。柏林墙终于在 1989 年 11 月 9 日被推倒。

★ ★ ★

当然还有其他类型的演讲。例如：众所周知的约翰·肯尼迪在 1961 年就职典礼上的演讲；或是马丁·路德·金在 1963 年向世人呐喊“我有一个梦想”；又或是在莎士比亚创作的舞台剧作《亨利五世》中，亨利五世在阿金库尔战役前夕以“我们，是少数几个人，幸运的少数几个人”来激励他的部队；再或是我个人最喜欢的《指环王》电影中，洛汗国国王希优顿在支援米纳斯提利斯战役之前作出“长矛将被砍断”的战前演说。这类演讲旨在鼓舞人心，阐述了即使历经重重艰难，但付出代价仍旧值得。当然，这些演讲并不适用于法庭。

法庭应该是一个让人静心沉思、秩序井然的地方，而并非旨在煽动群众情绪。

更为推崇的是：肯尼迪于 1961 年在国会上发表演讲，争取议员支持巨额拨款议案，让人类登上月球——或者，丘吉尔的任意一场讲话——每一场演讲都旨在向心存疑虑的听众阐述理由。在肯尼迪的演讲当中，我们可寻觅到适当的语气，机智而质朴的语言、语流与节奏；而在丘吉尔的演讲当中，尤其是“我们的荣光时刻”的演讲，提及我们如何“战斗到底”的演讲，以及他于 1934 年关于警告战争即将到来的演说，我们都能寻觅到他所施展的毫不妥协又势不可当的力量。现在就去网上找到这些演讲吧！

★ ★ ★

最后，在每次演讲中，

或者无论在法庭上做了什么，

正如“说服力”这一章节所述的：

讲个故事，

保持简洁，

逐步引导，

从旁辅助，以及

记住“无法抗拒”。

全部就位，找到“咔嗒”一声。

★ ★ ★

第 20 章

保释与量刑辩护

作为刑事案件的辩护人，有时尽管你尽了最大努力，陪审团依然可能认定被告人有罪。

也许被告人自己已经认罪。

法官现在必须进行量刑，并考虑从宽处罚意见。

寻求轻判可能会相当棘手。

首要任务是牢记**眼神交流**。

你必须看着法官。

★ ★ ★

这是法官的权力。

你的法官可能会囚禁你的被告人，使她与亲朋好友分离，被雇主解雇，并再也找不到一份好工作。被告人的生活会由此发生翻天覆地的变化。

在某些案件中，被告人真正关注的并非定罪与否，而是量刑：她会因为害怕坐牢而否认犯罪。

你是站在公权力和被告人之间的人。你的责任重大。

所以看着法官，而不是看着地板。

★ ★ ★

Amy 律师导读

争取取保候审（即英美法系语境下的“保释”）和量刑辩护在中国的司法实务中尤为重要。对于公安机关侦办的刑事案件来说，根据《刑事诉讼法》的规定，当事人在刑事拘留之后到批准逮捕的最长时间为 37 天，俗称救人的黄金 37 天。在此期间，律师如能把握时机，为当事人争取到取保候审，则会为案件的最终结果打下良好的基础。当事人前期不被批捕而取保候审之后，案件获得不起诉或从轻减轻处罚结果的可能性就更大。

从概率上来讲，绝大多数刑事案件尤其是重大的刑事案件被定罪的可能性是很大的。这种情况下，量刑就是当事人和律师所要重点关注的领域。

本章中莫利大法官所讲到的巧妙运用区分原则、量刑指南和个性化情况介绍这些技巧都可以适用于中国律师为当事人争取取保候审和量刑辩护的工作中。

首先，灵活运用区分原则，我们可以在辩护意见中突出本案与其他已定罪或重判的类案在事实上的区别，并提交证据以证明本案不构成犯罪或应获轻判。同时，在共同犯罪案件中，也应着重区分不同被告人之间的地位与作用，为当事人争取从犯情节的认定。其次，我们可以有效运用量刑标准化指导意见如最高人民法院和最高人民检察院所发布的《关于常见犯罪的量刑指导意见》，以及“少捕慎诉慎押”的刑事司法政策等，并依据具体标准和司法政策提出辩护意见。最后，可以在个案中突出当事人的特殊情况，虽然当事人的品格和家庭情况并非《刑事诉讼法》第六十七条所规定的取保候审的法定条件，但仍然可以作为案件承办人做决定的人性化考量因素，律师可以适当提及，但篇幅不宜过长。

中国法律下的取保候审制度与保释制度一样，没有次数限制，但我们仍应做好一切准备再提出申请，并在提交申请前后与承办人积极沟通，以期更为准确地明确案件争点、把握辩护要点并解除承办人的疑虑，从而有效维护当事人利益。

通常来说，寻求从轻处罚就是将犯罪行为进行归类。

我们可以寻找一些方法，区分本案与他案，区分我们的被告人与其他的共同被告人。

我们可以说：入室盗窃的场所是商铺，而非民宅，因此本案的危害性较小；入室盗窃发生在白天，而非晚上，因此本案危害性较小；案发之时商铺内没有人，熟睡的房主亦不在商铺内，因此本案危害性较小；这种犯罪系临时起意，而非早有预谋；窗户当时是敞开的，没有被破坏；等等。

通过说明犯罪构成之外的因素，我们通常可以帮助法官将犯罪行为的危害性界定在一定范围内。

★ ★ ★

尽可能申请**传唤品格证人**，被告人有前科也不例外。

这种做法是很有用的，法官可以通过除了辩护律师以外的其他人对被告人的评价来衡量被告人。

在证人不能出庭的情况下，提交书面材料，特别是工作单位出具的证明。

事实上，即使证人出庭作证，也要尽量提供其他证明材料。

★ ★ ★

查询各类指南中给出的量刑建议——包括必不可少的实务指南，如英国的《班克示论量刑指引》（*Banks on Sentence*）和御用大律师D.A.托马斯所著的《现行量刑实务》（*Current Sentencing Practice*）。

这永远，永远是明智的做法。

很多人没有做到这一点。

即使经验丰富，新案件也有新挑战。不要总以为你的经验足够应对。要避免给被告人预测的罚金金额远远低于法院最终判处金额的尴尬。

虽然很多人不去查类案量刑情况，但法官肯定会去查。显而易见，你最好知道她会找到什么。

* * *

适可而止。

通常，辩护人往往从最佳的从轻处罚意见开始。法官听取了律师意见，并被其出色的表达打动。

但是，律师可能会做过头，不断重复某些观点，补充其他观点。当法官在思考律师的好观点是否真的好的时候，她会逐渐被律师冗长的发言惹恼，于是开始寻找不同意的理由。

相反，**把每个观点表达清楚**后应当像一名剑客一样，有意识地、坚定地收回剑来，看着法官，确认她已经接受这个观点之后，就开始谈下一个观点。

把你的观点罗列清楚。

避免轻轻触及虽用言语带过但又没有说透，或者在某一点上揪住不放过度重复导致有些啰唆。

一次到位，反面证伪，及时抽身。

★ ★ ★

最后，充满敬意地，**告诉法官你想要什么样的判决及理由**。

通常，从宽处罚背后会有一个悲伤的故事，把它讲出来。

回到可选择的刑罚，逐个加以阐释。

避免把选择权都留给法官，帮助她，提供一个公平的解决方案，有利于你当事人的方案，不要随随便便尝试投机行为。

★ ★ ★

也就是说，你的建议要**切合实际**。

如果你建议的是一个完全不合理的刑罚，比如，申请对故意伤害罪的被告人进行社区服务处罚，你的声誉会因此受损。

如果没有可信度，你的整个量刑辩护都将受到影响。

★ ★ ★

如果说量刑判决是一个案件的结束，那么保释[14]就是案件的开始。

保释申请是年轻律师执业的一个常规业务。

对于大多数被告人来说，她们的保释听证会[15]是最重要的庭审，尽管在复杂的司法程序中，保释申请常常被律师视为一个小小的程序性事项。然而，如果不成功，被告人可能会被羁押数月，等待审判，然后被无罪释放。

所以，请**认真对待保释程序**。

显而易见，不是吗——尽管你经常会听到律师们说“我没做什么，只是一个保释申请”，好像没什么大不了的，但是它很重要，记住这一点。

★ ★ ★

〔14〕 此处的保释相当于中国的审前取保候审。

〔15〕 在英国，保释程序可分为两个阶段：一个阶段是在警察局，即实施逮捕阶段，保释权利主体是警察；另一个阶段是治安法院阶段，保释权利主体是治安法官，在该阶段嫌疑人由警察送到治安法院，参加保释听证会，检察官需要出庭陈述意见，法庭必须听取检察官和嫌疑人律师的意见，以决定是否对嫌疑人进行保释。保释必须坚持三项原则：一是保护公众，即不会因嫌疑人获得保释而使公众的权利受到损害，即嫌疑人再次犯罪的可能性很小；二是保护证据，即获得保释的嫌疑人不会干扰证人作证，不会危害证人的安全；三是避免犯罪嫌疑人或者被告人潜逃，即获得保释的嫌疑犯不会潜逃。

实事求是。

这和对待量刑辩护是一致的。

这意味着，对待保释申请，如果你还没做好一切准备，请申请延期。准备万全才可能保释成功。在许多法域，提出保释申请的次数是有限制的，且不必承担“情况变化”的证明责任，而羁押期间被告人的情况并不容易发生“变化”。

所以，既要知道你要什么，也要知道你是否准备好了，对这两点都要实事求是。

做好准备意味着让证人、担保人和家人出庭作证，并提供书面证明，每个人都被安排好该做什么，该在哪里，何时做什么，将在法庭上发生什么，需要多长时间以及如何表现。一份好的保释申请通常会涉及许多人，而不仅仅是法官的工作。

★ ★ ★

保释还意味着实现被告人的期望。宁可悲观点儿，也不要太乐观。不要让被告人的期待值太高。对保释前景要坦诚，时刻铭记如果你不成功被告人会有多失望。

保释是被告人进入刑事诉讼司法程序的最初阶段。她想回归到正常的生活，刚被拘留时难以置信，她还没办法接受这种情况。她会祈祷你能成功。为了取悦她，特别当你是非常年轻的律师时，你可能想说你能做到，不愿给困境中的她泼冷水。但是，提高期待是残酷的，而且可能会导致被告人向你的委托人给出不好的反馈。

★ ★ ★

最后，**熟悉法律**。

大多数年轻律师实际上并没有真正读过《保释法案》。你必须知道它的内容，熟悉它的语言，确定法官拒绝保释时必须适用的标准，并使你的申请符合标准。保释申请出现问题的原因在于，保释申请太多了，律师们变得太放松了，她们认为自己对应该如何进行申请已经有着很深的了解。而只要她们打开一本书，可能就会有一个有用的答案等着她们。

我还记得我在伦敦实习的第一天。我们一共两人，都很兴奋，我们的指导律师给我们看了银行抢劫案的辩护文件，说他当天下午会提出保释申请，在这个案子中希望不大，并要求我们分别扮演律师进行演练。我怒气冲冲，大声吹嘘每个人都有保释的权利，如果被告人被羁押候审，她的家人会遭受什么样的痛苦，并抱怨这一切多么不公平。我的同事只是推了推他的眼镜，打开《英国刑事法律判例汇编》（*ARCHBOLD*），找到具体规定，如果我没记错的话，他指出，鉴于被告的年龄在 21 岁以下，司法的模糊地带创造了一个有利于保释的特殊情况。指导律师要求我们看这个规定，做了笔记，他当天下午成功运用了这个论点将被告保释。

我的同事就这样做了很多伟大的事情，确实是伟大的事情，从第一天起你就可以看出来。向他学习。

★ ★ ★

第 21 章

上诉法院

在律师执业初期，你很少会去上诉法院。

我不想说太多。

然而，你可能还是会去几次，他们会吓到你的。

别害怕。

上诉法院真是太棒了。法官们非常聪明，在你站起来发言之前，法官已经读过案件材料充分考虑了案件焦点。法官很清楚自己想说什么，并且通常会直接告诉你。他们总是彬彬有礼。

★ ★ ★

你通常会过度准备。你会彻夜失眠，揣测你可能会被问到的每一个问题的顺序，以及案件事实的每一个细节。

试着放松。

想得简单点儿。

虽然你可能已经准备了一个漫长而详细的申请书，然而几乎不会有机会说。法官会礼貌地打断你，直接把你引导到他们感兴趣的点上。你的出庭通常伴随各种提问，你要尽力去回答它们。这就像是一场辩论赛。只要保持机智就行了。你说的可能是对的，也可能错了。但别担心。这就是法官们在那儿的原因，来决定你是否正确。

当然，你应该花点空闲时间去上诉法院旁听，熟悉上诉法院的氛围和文化。

★ ★ ★

在上诉法庭，你可以推定，他们确实熟悉法律，而且比你好多了，这时你或许可以遵循“向法官进言”一章的指引。事实上，你需要仔细阅读相关法律，法律之间很可能存在某些细微差别，法官也无法总是在法律解释上达成一致意见。

但是前面章节中的其他观点仍然适用。

慢慢说，
带着尊重和礼貌，
每个观点只说一次，
简明扼要，
眼神交流，
准备好一份简短的开场白，抓住你的申请的核心，
把你的书面意见用到你的庭审发言当中。

最重要的是，享受这个过程。

★ ★ ★

第 22 章

讼辩技能提升术

当你进行讼辩技能提升练习时，有一个行之有效的方法，可以助你从他人那里得到建设性反馈。这个方法始于美国，正如我在开头介绍过的，已在过去 20 年中传遍全世界。

1994 年，澳大利亚维多利亚州最高法院的乔治 · 汉普尔大法官将这一方法引入英格兰及威尔士的诉讼律师界。自此之后，这套方法即成为四大律师学院正规讼辩技巧培训的基石。

它很简单，但能带给你显著进步。

在本书中，我们将其称为“一点示范”。

★ ★ ★

理论上来说，学习讼辩技能的学生将从其所属的行业组织中学到这一方法。这套方法的基础并不复杂或神秘，也可以在朋友之间练习。练习时要小心出现偏差，但是练总比不练好。

所以，试一试吧，小心一点就是。

首先召集一些同行。在每一次练习中，一位扮演证人，一位做律师，一位做评委，其他人只需要在一旁观察。

利用过去案例中的证人证言，或者编纂一份证人证言。

律师提问证人不超过5分钟，直接询问或交叉询问均可。练习过程中，评委需要记录**律师提出的问题，而非证人的答案**。

然后，评委通过以下六个步骤进行“一点示范”。

照做不误，只有六步，不多不少，不改顺序，不要加料，不要讲废话。

★ ★ ★

只要六步！

让我们看看究竟怎么做。

你是那个评委。

第一步是确定需要练习的**一个点**。

只有一点。

可能有数百个可以练的点，但我们必须专注于一点，以一个短句开宗明义点破这一点，我们称之为**主题**。例如，“我想和你谈谈在主询问阶段如何缩短并简化非引导性问题”或“我想和你谈谈交叉询问过程中如何控制证人的回答”。

你给出的主题应当言简意赅，直击重点，不能长篇累牍，一定是**容易记忆**的。无论在点评结束之际、练习当天晚上、第二天晚上，甚至是练习次月的月末，当那名律师被问及“你的**主题**是什么”，她依然能记得。

★ ★ ★

第二步是复述由律师提出的问题中与本主题直接相关的部分。

我们将其称为**回放**。

众多律师培训都强调要记录证人的回答，因此记录律师的问题可能会有点儿别扭。没关系，熟能生巧。

请注意，仔细记录律师发问过程中的准确用词十分重要。否则，律师会对你记录的准确性提出质问，并由此质疑你点评的有效性。

回放并非总是仅记录律师提出的问题。主题也可以针对律师的肢体语言或紧张时的习惯动作，而回放则是对律师的体态或习惯的简单演示。

无论如何，回放必须精准反映律师的所做所言。

★ ★ ★

接下来，我们需要解释律师的问题出在哪里。

因为我们需要第三步，即究因。

原因往往显而易见，但我们不能跳过这一步，因为这样有助于思想的聚焦。

这一步能告诉律师出现问题的原因。

有趣的是，这么做还能告诉评委存在问题的原因：评委在此之前可能仅凭直觉识别问题，但说明理由能够帮助评委将之清楚地表达出来。凭直觉理解问题并不利于对律师进行点评，你必须向律师解释你的第一反应。因此，这些理由有助于律师以及评委更好地理解讼辩技巧。

★ ★ ★

接下来是第四步，修正，这一步解释如何解决所发现的问题。

一般情况下，修正措施并非显而易见，你必须要精通讼辩技巧。

你得好好斟酌。

我们要的不是指出某些做法不奏效以及为什么不奏效。

我们要的是哪种做法奏效以及为什么奏效。

哪种做法奏效？
怎么修正你所发现的问题？
究竟怎么办？

好好想想。
在第三步的究因环节，你需要释明理由。
而在第四步的修正环节，你则需要解释解决办法。
一般情况下，寻求修正绝非易事，但至少它能迫使你进行思考。

★ ★ ★

我想再谈一谈修正。

“一点示范”不只是指出问题，更重要的意义在于提供解决方案。如果不能提供解决方案，这项练习将毫无意义。只指出问题是毫无意义的。

毫无意义。

我们想要的是解决方案。

我在本页中再次强调这点是因为它真的很重要。

大多数人能给你指出问题，但只有少数人能告诉你应该如何改正。

因此，让我们用一个例子来说明目前为止的四个步骤吧。

★ ★ ★

让我们以一个虚拟点评来举例说明。

“我的主题是：我想和你谈谈如何在交叉询问过程中持续提出引导性问题。”

在回放过程中，帮助你回想起你提出的三个问题：

那支枪在哪里？

多久开一次枪？

是否有人受伤？

在交叉询问过程中，之所以连续提出引导性问题，是因为这样可以使律师更好地控制对方证人，避免证人在回答开放性问题时给出不可预计的答案。

修正是透露给证人你希望听到的答案，一事一问，并在结尾处加上“是这样，不是吗？”之类的表达。此类表达被我们称为“标签”，如此就可以将陈述句转化为疑问句。例如：

那支枪是在约翰的手上，不是吗？

约翰开了三次枪，不是吗？

乔被三发子弹打中头部，不是吗？

让我示范一下如何发问……

★ ★ ★

接下来我们到第五步，**示范**。

在解释了如何修正所发现的问题之后，你现在需要示范具体怎么做。

这意味着点评并非坐而论道。它具有视觉冲击力，随后可以被模仿。点评并非“理论”，而是一种“在实践中实践”的训练——实践这个词两次出现，具有两层含义。

示范意味着点评并不是枯燥无味的，而是生动的，律师永远能够在脑海中回忆起这个以视觉方式展现解决之道的过程，毕竟这个解决方法已被评委示范了。

但示范又并非易事。你真的、真的需要精通讼辩技巧，否则你会出错！你需要有心理准备，示范可能会出丑。有些资深的律师可能会百般推脱以免万一出丑，但不要让她们轻易逃脱。资深的律师可以教授你们很多。鼓励她们放下包袱帮助同行提升。

每回都要告诉她们：**露两手！**

★ ★ ★

第六步，律师最后重复练习评委的示范，我们称为**重演**。如此律师才能完全掌握。

重演需要维持一分钟左右，旨在帮助律师**体会**解决方案，而非仅仅听到或看到解决方案。

律师模仿示范中的做法，通过模仿将解决方案消化吸收，而不只是写下来。

★ ★ ★

重演不仅有助于律师提升讼辩技能。

旁观者也能受益匪浅。

这非常重要。通过这个方法，那些旁观者可以像上场的律师一样学习。

一次一个知识点，展示所有人都能吸取的课程精髓。

“一点示范”。

试试看！如果不管用请告诉我。

★ ★ ★

以下是“一点示范”技巧的总结：

第一步：主题。“我想和你谈一个知识点……”

第二步：回放。“提出这个意见是因为这些问题或动作……”

第三步：究因。“这个做法不能奏效的理由是……”

第四步：修正。“这一问题的方法是……”

第五步：示范。“看我示范……”

第六步：重演。“现在，你来试着再做一次……”

律师演练应控制在 5 分钟以内。

评委点评用时应在 1 到 5 分钟。

保证成效显著。

★ ★ ★

请注意，“一点示范”可用于提升所有的讼辩技能，并不仅仅局限于对证人发问的练习。

律师可要求对开案陈词、结案陈词或法庭辩论进行点评。

“一点示范”能够有效适用于全部讼辩技能，

但要严格遵循六步法。

★ ★ ★

此外——**你需要一台摄像机**。

大部分人现在都有一台摄像机,这通常是手机的附加功能。

对着摄像机发表讲话并回放，然后忍住尴尬皱眉看完。

看看别人是怎么看你的。这可能会令你感到惊讶，但要学会从中学习。

找出你讨厌自己的地方，例如，你的姿势、双手插兜、面部肌肉抽搐、挠痒痒、来回摇摆、看似有点丧失理智……并进行修正。

在“一点示范”的演示阶段用摄像机记录你的表现，并随后观察自己的表现。你也可以让同事看一看，了解她的看法，再自己想想。

影像记录是一个功效显著的学习工具。你能够看到你不喜欢的地方，并随之进行修正。这是一件看似尴尬，但鲜有的乐事，换个角度看看别人眼中的你。

★ ★ ★

如果你并未与你的同事们一起私下进行“一点示范”，也没使用摄像机观察自己，那还能做什么？

就是对你在庭上表现的有建设性的批评。

谁的批评？

来自你对手的批评。

来自法庭上坐在律师席上其他律师的批评。

但这里也有问题。律师通常认为向对方提出有建设性的批评是不恰当的，是鲁莽无礼的。

很遗憾，这意味着大量律师很少被他人批评。很多坏习惯由此变得根深蒂固，哪怕全世界都发现了，也没人敢说出来。

★ ★ ★

解决方法很简单：**向他人询问意见**。

当然，有些你并不认可的律师会给予你一些令人沉重的批评，有时甚至是傲慢的批评。但是，一般来说，其他律师提出的批评是慎重且非常有帮助的。我们应该积极听取她们的意见。我们无需总是采纳她们的观点，但这些意见能帮助我们深刻理解别人是如何看待我们的，我们的讼辩技能哪些能够奏效、哪些没起作用。

所以，去问一问。

然后你就可以离开了，虽然一段时间内都很难见到你的评委。但当你明白自己已经学有所成，任何小尴尬都不重要了。

★ ★ ★

寻求他人的评价是极为重要的，怎么强调都不为过。

实习诉讼律师与实习事务律师的导师往往很少见到自己的学徒在法庭上发言。

对于那些资历尚浅、在地位和名声上还输得起的实习诉讼律师、实习事务律师而言，了解共同出庭的其他人的意见，在诉讼律师事务所或事务律师事务所定期举办“一点示范”工作坊，这都是非常好的机会。

通过向资深同行**学习汲取所有最佳观点**，通过接受她们的教导，你能够真正迅速地提升讼辩技能，并越来越接近卓越。相较于资深同行花费数年通过反复试错来修正讼辩技能，你却可以轻而易举地在傍晚的工作坊学习讼辩技能。

要提升讼辩技能，仅凭自力更生是不可能的。

不畏惧在别人面前出错，你将会得到丰硕且立竿见影的成果。

★ ★ ★

第 23 章

担任副手的初级大律师

在英格兰及威尔士大律师公会，绝大部分并未册封为御用大律师的诉讼律师均被称为**初级大律师**。**册封御用大律师**意味着将被女王传召到法庭隔离区内的第一排，成为女王陛下的顾问。一旦册封，你将能穿上象征册封御用大律师身份的丝质律师袍，并能在全名后添加御用大律师的简称 QC。

一名御用大律师通常会带领一名初级大律师处理具体案件。

随着初级大律师出庭经验日益丰富，他们会变得独当一面，并带着资历较浅的诉讼律师处理工作。

无论是资深的初级大律师抑或御用大律师，带领一名初级大律师就意味着成为一名“师傅”。

但在其他司法管辖区，担当师傅的被称为“首席律师”，而被带领的则被称为“协办律师”。

本章将会介绍御用大律师对其带领的初级大律师的期望。

我撰写本章的原因在于我从来不知道他人对我的期望，而我本可以从提示和建议中获益，因此我想你可能会喜欢以下的内容。

★ ★ ★

第一条规则，也是一个重要的规则，就是候补。

你并非“师傅”的秘书，负责被动地起草文书，你并非以前决斗当中的副手，只负责递手枪并为决斗者收尸。

你是候补选手。

你要替补案件当中的所有事项。

你必须随时准备替补你的师傅，你需要知道师傅所想的所有内容、文件当中所有内容的具体出处，并一直思考如下两个问题：

“他会怎么做？”以及“我应该怎么做？”

★ ★ ★

这意味着第二条规则是**什么都要做**。

这意味着你要准备证据清单，阅读未使用的证据，起草直接询问和交叉询问证人的问题清单，将意见大纲整理成文，拟定发言提纲，记录庭审情况，这是一项艰巨的任务。当然，你的师傅也会做同样的事情，但你跟随他，并与他一同做所有的事情。而且，你要做得更为彻底。

有时候，你会被指派处理一个特殊事项，很好哦，但你的任务并未止步于该项工作！！！无论你是否被指派，你还需要处理所有与案件有关的其他工作。原则上，你应是忘我地为自己而工作。

★ ★ ★

第三条规则是**沟通**。

随时可以找到你。保持电话通畅，及时回复邮件，来到他的办公桌前，保持沟通顺畅。不要在御用大律师发表意见之前，对外发送邮件或给予承诺，所有事宜都需要让御用大律师过目。你希望知道他所想，并希望他知道你所想。你们会一同参与庭审，虽然他将如舞台上的主角负责绝大部分的法庭发言，而你则振翅欲飞，时刻准备着。

★ ★ ★

第四条规则是**帮助**。

这是一个简单的概念，你帮助你的师傅：你向其提出建议，识别师傅可能遗漏的内容，准备对证人进行发问。如果师傅在事实或法律适用上出错，谨慎地纠正。基本上，你需要确保师傅没有遗漏任何内容，并确保庭审顺畅进行。

请注意，**不要等待师傅开口**，持续向你的师傅提供帮助。为自己考虑：扪心自问，我需要做什么。严格意义上讲，你的师傅并非你的雇主，你们是合作关系，所以你无需躲藏在其身后并等候其指示，而应主动接受指引，主动寻找任务。

★ ★ ★

第五个也是最后一个规则同样很重要，即忠诚。

律师是一心求胜的。我们的成就由最后一个案件来决定。因此我们不能自满。我们必须持续努力进步并强化我们的讼辩技能。我们相互竞争，脱颖而出。

但请不要以此方式对待你的师傅，毕竟你们**一起**工作。

你的师傅会遗漏一些事项，但不要令他难堪，或在背后说他的坏话，也不要当众以过分的方式纠正。毕竟，你也会有遗漏，而一个好的师傅不会使你难堪或说你的坏话。相反，一个好的师傅会将你从错误中拯救出来，一直以他的名义承担你的过错。因此，请以你的师傅向你展示忠诚的方式，向他展示忠诚。

不要在客户、法官或其他律师面前使你的师傅难堪。

绝对不要。

★ ★ ★

当然，有时候你会碰到一个不负责任的师傅——期待你做全部工作，而自己却并不关注案件事实，不熟悉法律规定。他行事懒散，甚至与时代脱节。

如果出现这种情形，你有义务向你的客户以及委托你们的事务律师反映你的不满。

这比较罕见。

但如果发生了，**立即**向“律师更衣室”内的同行，或诉讼律师事务所的资深同事**寻求帮助**。

如果确认其中存在问题，请先向你的师傅提出，而非直接偷偷汇报给客户或事务律师。时刻谨记以礼貌的方式，向你的师傅解释你的想法与理由，并寻求其正面的答复。如果你的想法不被接受，那么你可以再一次咨询资深同事的意见。只有在向你的师傅提出问题之后，而非之前，并说明如果问题没有改善你将作出汇报，此后你才能向客户或事务律师汇报。

这才是合适的行内礼节。

★ ★ ★

那这一切到底是如何运行的？有时候看起来你干了所有的活，而你的师傅是甩手掌柜。非也！师傅也曾做过初级大律师，你可以期待他也会把所有的工作都做了。但是，可以肯定的是，在你遗漏事实的情况下，你的师傅会以其过往经验填补你的纰漏。即使你如同钻进死胡同一般深陷疑误区，师傅的经验亦能将你拉回正途。

与师傅共事，是一个向经验丰富的前辈学习的良机。师傅带团队办理的案件往往相当复杂，所以需要初级律师参与。同时，这也是一个使你能参与比你目前薪资级别更高的案件的机会。如果你尝试事事亲力亲为，那么你能更好地领悟师傅的所作所为及其行为的意义，亦能培养自己处理复杂案件的能力，久而久之你也会成为一名师傅。

担任副手的初级诉讼律师切忌以过客身份参与庭审，目瞪口呆、心不在焉地坐在师傅身旁，一心只想着每天的庭审能带来多少收入。这就成了一条寄生虫，而不是一位律师。绝对不行，你是他的搭档，应当与他一同参与到庭审中。即使你的讼辩技能还不像他一般优秀，但你应当知道在庭审中该如何出色表现。

谨记，如果他身体抱恙，你必须补上。所以请随时做好准备。

综上所述，请享受担任副手的经历。如果你能谨记以上五条规则，你的讼辩技能就能得到提升。甚至，你会得到师傅的引荐，持续得到他人的重用。

★ ★ ★

第24章

大律师精神

我游历了很多地方，曾在许多法域工作和授课。

之前我一直在讲如何在对抗性的诉讼中寻求胜利，但是，别忘记要一直遵守三条原则的指引：

1. 不要误导法庭，

2. 不对对手耍花招，

3. 试着像法官一样思考。

这些才是我们在庭上的指路明灯。

但庭外呢？

所有的律师都是“Bar”这个群体的成员——我们都曾被叫到栏板（从前审判庭上把法官和法庭其他坐席隔开的木围栏）前。在那个位置上，靠近法官，就在她们的正前方，我们获准代表公众发表意见。

第24章 大律师精神

在过去的几个世纪里，已经形成了一种**大律师精神**——正是这种精神使诉讼律师成为一种伟大的职业。

★ ★ ★

这是一种事业，因为我们把别人看得比自己更重要。

诉讼律师不应该是为了赚钱，而应该是为了服务公众。

你排在最末位，你的银行存款也应当如此。我们从不应当把赚钱放在帮助客户和协助法院做正确决定之前。

当然，你会发现收入是不错的，但这件事情本身并不是为了钱。

如果和解对你有利（也许因为你第二天还有另一个庭审），但客户想要继续诉讼，那就继续诉讼；如果继续诉讼对你有利（也许因为你明天没有别的庭审），但客户想要和解，那就和解。

永远不要把你如何获得最好的报酬放在客户利益之前。

绝对禁止。

⋆ ⋆ ⋆

这有时很难。在撰写本书时（2014 年），英国刑事辩护律师正面临严重的财务压力。

通常，委托人［事务律师（也称非诉律师），不出庭的、直接面对客户的律师］的经济利益也与案件进展紧密相关。

抵制、停止、坚持！

“抵制”来自任何人的压力，除了客户；

“停止”去想如果客户对你银行存款继续作贡献，你该买什么车；

“坚持”把客户放在第一位，始终如此！

同时始终保持对法官应有的尊重。

★ ★ ★

诉讼律师这种职业在英国备受尊重，其原因在于，公众觉得，诉讼律师总是站在客户角度做最正确的事。这是700年来积攒起的名声，但可能在几个月内就会被毁掉。诉讼律师应该是类似于传教士的无私之人，而不是市场上讨价还价的小贩。**客户第一，你排最后。**

互相尊重、互相帮助，包括你的对手。你的更高职责是维护公众对正义的信心，而不是不惜任何代价赢得胜利，请遵守三条原则。

刚正不阿，正直说话、正直行事、正直做人。

你的私生活可以是混乱的，但你的职业生涯必须是体面的。

法官被称为“法官阁下”是有原因的。请记住，大多数法官都曾经是诉讼律师。所以请体面行事。

★ ★ ★

正义背后的理念是，公众相信正义，因此允许诉讼律师在法官的指引下，为纠正错误而斗争，如果你不值得被尊重，那么将倒退回用暴力解决纠纷的中世纪时期。想想我们被赋予了怎样的信任，当一个孩子被谋杀，或被送到看护中心，或一些寄托哀思的物品被盗，或事业被毁、财富损失，或房屋被没收，我们都会出现。这是一种伟大的信任。

因为我们是诚实的，所以才被相信。

这意味着我们必须行得正，坐得端，品行正直，刚正不阿。

如果在法庭上履行职责的人言行不一，那么我们怎么能承担起帮助别人洗刷冤屈的信任？不会的，就像癌症，一旦开始在这个职业的“躯体”里出现一点迹象，它就会开始扩散，扩散到足够远的地方。虽然可能身体大部分都是健康的，但癌症最终仍会杀死整个身体。

你必须保持警惕，捍卫这个职业的神圣，以免它消亡，以免信任的时代化为乌有。

我们可能会有分歧，可能会有一点点掉队，我们性格迥异，但我们将永远保持高尚的品格。

★ ★ ★

过去，律师从不握手，因为没有必要。在中世纪，伸出你的右手，代表着手中没有奸诈之剑，所以你是和平的，手无寸铁而来。律师从不需要携带武器，因为人们知道我们是值得尊敬的，我们不以武力相威胁，相反我们是和平的、可靠的、值得信赖的。我们只谦逊地使用文字在法官面前战斗。请牢记这一点：诉讼律师不是“被雇佣的炮弹”，不是恃强凌弱的兵刃，不是混乱的策划者。不是，不是，不是！公众应该永远觉得我们不需要展示我们的右手，因为我们值得信任，并且永远在做正确的事情。

★ ★ ★

因此，请通过律师协会、晚宴、诉讼技能和职业伦理培训，保持律师彼此之间的联系，以及和法官们的联系，请将这份职业传统传承下去。

有对抗式的庭审文化的地方，就应该有一个协会，将检察官和辩护人、原告和被告聚集在一起，形成一种职业文化，由法官监督——她们大多也曾经是一方的诉讼律师。

我们始终是同道中人，从来就不是敌人。

★ ★ ★

第 25 章

诉讼律师真谛

我们的讨论到此结束。我不打算写长篇大论的结束语。最后一章将是极简的。我们将界定诉讼律师，并谈谈你在仔细研究了本书给出的方法后，应该成为或将成为什么样的人。

★ ★ ★

诉讼律师是有判断力的。

并注意

体态，

眼神交流，

运用常识，

与对手保持良好关系，

具备良好的提问技巧，

做出很棒的结案陈词，

在庭审开始很久前就写好了的结案陈词，

总是努力像法官一样思考，而不是像客户那样思考。

在一个有能力的诉讼律师的头脑中，应首先记住本书中的几个“三”：

三个目标，

三种品质，

三个最佳观点，

三条原则。

如果他彬彬有礼，并使法庭认真考虑他的案子，那么他才对这个职业有益。

最重要的是，他在法庭上做的每件事，是否是在

向法官陈述，

向证人发问，

向陪审团发言。

他追求那种极致的、无法抗拒的品质，

即，让他自己隐于无形，

就好像案子自行解决了一样。

★ ★ ★

他知道他必须在书面法律意见中切中要害。他知道如何成为一名出色的初级大律师。不害怕面对专家证人。他们的文件管理井然有序。双方都具备大律师精神。

没有人是角斗士，每个人都是真实的自己，不要试图成为别人。

这样的诉讼律师往往会获得胜利。

这会是你吗？

★ ★ ★

第 26 章

后记——法官怎么看

2016 年 7 月，我接受东加勒比最高法院的任命，来到以人间乐土著称的安的列斯群岛，成为高等法院法官，并具体担任蒙特塞拉特岛的翡翠火山岛的指定法官，安提瓜岛的高级法官和圣基茨岛的刑事法官。

我在 2020~2021 年新型冠状病毒肺炎疫情暴发期间写下了这篇后记。

虽然我审理的大都是重罪案件，但是我在蒙特塞拉特岛上也处理过包括民事、刑事、行政和家事等案件。

据说，《魔鬼辩护人》已经成为普通法系中最畅销的关于律师讼辩技巧的书籍，而且这本书还被翻译成多种语言，并被采用纠问式审判的大陆法系国家引进。2005 年首次出版的《魔鬼辩护人》已经成为法学院学生和初级诉讼律师的主要读物，而且一些资深的诉讼律师和法官也是本书的读者。

这本书最初是从辩护人的角度写的。

现在我有了一个新的视角：法官的角度。

在这篇后记中，我想与读者分享法官的思维方式，至少是我怎么看待并重新权衡本书中哪一点最为重要，这样各位读者的诉讼工作就能更具说服力。

★ ★ ★

我们重申诉讼律师是具有说服力的，

不是健谈，

不是善辩，

不是蓄意阻挠，

不是卖弄小聪明，

不是得意扬扬、虚张声势、装腔作势，或唱反调，

是有说服力。

★ ★ ★

作为辩护人，你的工作就是在法律规则范围内赢。

有三个目标、三种品质、三条原则，应是律师的行为准则。

为了有说服力，“三个目标”要求你得到法庭的信任，经过法庭的检验，获得法律事实，尽管有时这并非客观真相。为了使你的发言能够获得审判庭的信任，你应充分展现“三种品质”，最重要的是刚正不阿、律师不露锋芒隐身于观点之后，观点是以一种无法抗拒的方式表达出来的。与此同时，始终遵守三条原则，这是我们职业操守的三个基本原则，即永远不要误导法庭，永远不对对手耍花招，永远试着以审判庭而非客户的方式思考。

但我想谈谈如何把握平衡的问题。

★ ★ ★

当我坐在法官席上时，我强烈地感受到法官的角色是如此不同。

辩护人的角色是在法律规则范围内取胜，但在我看来，法官的角色则是确保公平。

公平，

何为公平？

说起来容易，它意味着什么？

嗯……思虑良久，我认为公平就是要追求公正的结果。

公正的结果是什么？

嗯……考虑了很久，我认为这是一个客观的第三人所能接受的结果。

客观的第三人。

他/她是谁？

嗯……考虑了很久，客观的第三人是普罗大众的一员，受过普通教育，处事客观公平。法官可以简单、中立，不使用花言巧语向客观的第三人解释说明判决结果，如有需要亦可以详细解释。即使第三人可能会对判决结果持有不同意见，但法官的解释可以让第三人更容易接受法官的裁判。

所以，简言之，公平是客观的第三人所能接受的。

★ ★ ★

让我们永远记住，法院是以公众的名义行事的。公众必须相信结果是公平的。如果没有公众的信任，公众可能拒绝寻求法律途径，而以拳头、棍棒和枪支私下解决争议。

在法院和公众之间有一个神圣的契约：公众必须相信裁判能带来公正。

而正义如同公平一样，是可以解释的。

★ ★ ★

毋庸赘言。

法官的工作成果应当接受监督。判决结果是能够解释清楚的，并且法官应做好解释的准备。所有的法官都要对正义女神负责，她在老贝利和世界其他地方，被蒙着眼睛，既不恐惧也不偏袒，一手握住是非的天平，一手拿着维护正义的宝剑。

所以当我坐在法官席上，审理一个民事或刑事案件时，我会扪心自问，一个客观的第三人会如何看待我眼前发生的事情？

★ ★ ★

一个客观的第三人看到的结果可能并不是一件事的真相，但她会希望结果是可以解释的，所以才能被接受。

比如，证据不足的案件，

或者完美的交叉询问影响了证人可信度的案件，

或者证据没有达到证明标准的案件，

或者控辩一方比另一方准备得更为充足，不该如此，但有时这就是现实。所有制度有效运行的前提是每个个体成员都尽职尽责，客观的第三人也不例外。

尽管客观的第三人可能希望看到不同的结果，但懒惰的律师输掉了容易的案件，而细心的律师赢得了艰难的案件，这是可以理解的，并且在某种程度上是可以接受的。

★ ★ ★

如果结果不被接受，可能是因为律师违反了三条原则，

或是夸大其词，对对方耍花招，

或是违反了证据规则……

抑或只是违反了讼辩规则。

★ ★ ★

我想我已经提出了维护个案公平的三个检验方法。

三个公平检验法。

我认为这就是当法庭上唇枪舌剑之时，法官坐在法官席上思考的问题。

至少这就是我在思考的，我认为它也反映了我同事的想法。

★ ★ ★

第一个公平检验法是**傻瓜判断**。

律师糊涂吗?

是在秀拙劣的演技?

争论的价值何在?

还是这一切都是明知故犯，有意为之?

★ ★ ★

第二个公平检验法是**礼节衡量**。

诉讼进行中体现出尊重了吗？

当事人和双方律师的行为是否得体？

发言是否谦逊温和且重点突出？

是否对控方、证人和审判庭保持尊重？

★ ★ ★

第三个公平检验法是**接受可能性**。

根据庭审的情况，我们是否能得出一个对双方来讲都是合理的结论？

客观第三人是否可以接受？

★ ★ ★

如果你请了个糊涂律师，而另一方在庭上强势争辩，本方败诉的结果就会显得不公平或不能被“接受”。

对客观的第三人来说，案件处理不当，从而对结果产生怀疑，结果就不会被接受。

虽然败诉一方可能不喜欢败诉的结果，但至少对于律师来说，这个结果必须是可以理解的。

请注意我并没有说必须“认同”结果，我说的是可以理解。

而可以理解的东西很可能会被客观的第三人接受。

“接受”可以被适当质疑。

“可以接受”是指一个客观的第三人可以说，“啊，我明白结论是如何得出的了，虽然我更倾向于相反的结论，但这个结论也是合情合理的”。

★ ★ ★

在我看来，如果未通过以上三个检验，败诉一方永远不会接受结果，客观的第三人也不会接受结果，上诉法院也不会接受。

★ ★ ★

请注意“处理不当”这个词。

法官应尽职尽责办案，得出律师可以理解、客观的第三人可以接受的结论。

办案，我采用三个公平检验法。

当一项检验未通过，我会努力让双方进行调整。

如果是个糊涂律师，我会进行引导。

如果双方行为不得体，我会制止争吵。

如果我感觉结果将不能被接受，我会一直问自己，“我应该怎么做，才能让客观的第三人适应案件的进程？”

这与引导案件走向一个结果是不一样的。不，这是指如何处理案件才可以被理解，只有被理解了，才可能被接受。

★ ★ ★

有时候，我们无能为力。

三项检验都没通过的情况是很少的。

但也会发生，真正发生时，我来进行修正。

我会引导律师，我会调整过激的发问，我会抑制双方的敌意，我会戳穿证人的伪装，我会质疑证据的关联性，我会制止律师对证人的纠缠，我会保持良好的礼仪，我会指出一方的虚假陈述，我会关注模棱两可之处，我会确保案件的合理推进。至少我要努力去做。

这就是我所做的。毫无疑问，会有一些人大声抗议我在“干涉”，但我并不这么认为。我认为，我在推进法庭和公众之间的神圣契约，即结果是可以被客观的第三人接受的，因而正义即将到来。

★ ★ ★

可以被接受的结果有十个基本特征。

这就是优秀律师的十大公理。

★ ★ ★

公理 1：优秀律师——**给法官提供帮助**。

混淆、作伪证、欺骗、隐瞒法律依据、歪曲论点、错误引用法律、试图诱使法官犯错或使陪审团产生误解，都是不被接受的。

这样的行为没有通过傻瓜测试。

★ ★ ★

公理 2：优秀律师——**是诚实的**。

诚实是讼辩的基石。没有诚实就没有信任，没有信任，一个辩护人就没有说服力。

诚实必须是可以触摸到的、毋庸置疑的、显而易见的。

诚实如同一盏明灯，在无数模糊事实与争议声音之中照亮前方的路。

如果律师不知道，就说不知道；不要为了说话而凭空捏造。

律师不是 20 世纪 70 年代情景喜剧中的二手车推销员。

做那个《正南方》中的 Mounty，而不是 Delboy，Delboy 是一个伟大的角色，但绝对不是律师。

如果你不知道他们是谁，去查查，很有意思的。

★ ★ ★

公理 3：优秀律师——**不说废话**。

这是对公理 1 和公理 2 的重申。

其意自明。

优秀的律师不说废话。

如果你不知道法律规定，实话实说，查一查，不要不懂装懂。

如果你不清楚委托人的意思，就问清楚，不要猜测。

如果你应该做而没做某件事，实话实说，请审判庭给予准备时间，不要试图巧妙回避。

如果你有法律依据，并且明知具体内容，不要庭上突袭，假装你有一个不可动摇的重要观点，用不相关的专著吓唬法庭。

如果你犯了错误，就承认吧，不要像《辛普森一家》里的 Bart 一样胡扯。

实际上，仔细想想，这可能就是优秀律师所包含的全部概念：

要像 Maggie 和 Lisa 那样，而不是像 Bart 或 Homer 那样。

简单且真实。

* * *

我们都喜欢 Bart 和 Homer，他们会逗我们笑，但你相信他们吗？

明白我的意思了吗？

★ ★ ★

所以优秀律师必须通过《辛普森一家》的检验。

★ ★ ★

公理 4：优秀律师——**不把法官当傻瓜**。

永远不要低估陪审团，作为一个 12 人或更小的团体，她们绝对不蠢。

她们不会错过任何东西。

什么都不会错过，很可怕。

当然，是的，法官可能不是特别聪明，但永远不要这样对待她们。

而且要小心，绝大多数法官都很精明。

所以，不要表现出高人一等的态度或显示优越感。你会被看穿。那么做很不招人喜欢。不太聪明的法官能看穿你，你误以为不太聪明的法官，不仅能看穿你还能扭转局面，让你难堪，这也没毛病。

如果你碰到不太聪明的法官，她们本知道自己的弱点，也知道她们需要你的帮助，请看公理 1。

所以，协助她们，不要妄自尊大。通过提供帮助让你更值得信任，更具说服力，成为更好的律师。

★ ★ ★

公理 5：优秀律师——**阅过卷**。

这一条不用解释。

很奇怪，有些律师只是匆匆浏览一遍卷宗，开庭空手而来，对案件没有深入了解，她们发言时像亢奋的三月的兔子一样信口开河侃侃而谈。她们很糟糕，真的很糟糕。

而老狐狸法官们通常会将她们一口吃掉。

★ ★ ★

公理 6：优秀律师——**想着她们的受众**。

这是个棘手的领域。

律师有三方受众：审判庭、委托人和公众。

找到平衡点至关重要。

迎合委托人可能会让她高兴，但这通常是一场灾难。

向公众卖力表演可能会很有趣，但通常会随着时间的推移演变成一场灾难。

迎合委托人会导致庭审沦为马戏表演，所以法官通常会阻止你，这常常会降低你的说服力。如果想通过影响公众而取得辩护效果，法官必将维护其主场裁判权，这会导致冲突，并再次降低你的说服力。

诀窍是说服审判庭，同时顾及公众和委托人的感受。

★ ★ ★

就像一个三角形，审判庭在顶端，委托人和公众在另外两个角上：这三个方面都要考虑，但要注意审判庭是最重要的。

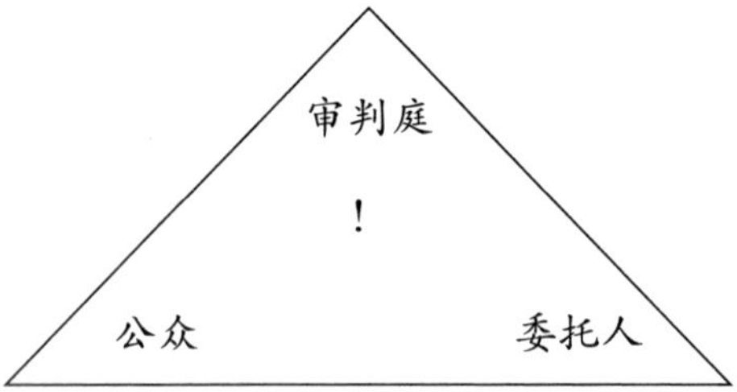

你需要在感叹号所在的地方，
在公众和委托人之上，
你的眼睛盯着他们，
并以得体的方式登上法庭。

★ ★ ★

公理 7：优秀律师——**给出建议**。

简言之，律师接受指示，权衡案情，利用她的经验，知道什么有效，什么无效，并建议委托人如何继续推进。

律师不应该先编造一个辩护理由（可能为了迎合委托人预期），再慢慢将案子引导到实际认为切实可行的辩点上，并且不告诉委托人她们成功的概率。

律师不是雇佣兵，我们在前文中已经讲过这一点。

更重要的是，律师不应追求争斗，误以为她的工作就是不择手段干掉对方。

当然，这些都是你们应该知道的行为准则。

但也有一些律师不明白这一点，认为她们的工作就是不惜代价去赢。姑且不论违反职业道德的行为会导致律师被吊销执业资格，法官也总能轻松看穿一切，她们会认为这样的律师完全没有说服力，从而毁掉一个原本诚信代理赢面较大的好案子。

无论律师协会如何处理，请明白这是一种试图取胜的烂招，我认为很少能起作用，律师通常会败诉。即使她赢了，也通常是因为审判庭已经看到了真正的问题所在，所以尽管律师表现不当，审判庭也会直接忽视律师，追求公正的结果。

★ ★ ★

公理 8：优秀律师——**和谐相处**。

即使极力隐藏，律师的针锋相对也很明显。

这让审判庭很不舒服，因为很难知道哪部分是为保面子故意争论而表达的内容，哪部分是实实在在辩护的部分。这让双方的律师都显得不可靠。审判庭不可避免地会想找出哪一方在无理取闹，也许双方都差不多，但审判庭会倾向于责备其中一方，这也没有办法，这是人的本性，法官也是人。

所以请注意，即使不是你的错，一旦争吵，就可能会损害你的案件。一定要指出另一方所做的是多么不合理，以确保你值得信任。请确保你的表述实事求是，不要夸大其词。

如果你是那个不合时宜行为过激的人，请明白若你被认定是引起争吵的一方，那你不应该感到意外。

如果不合适，停下来，否则会影响你的案件。保留分歧，好好相处，找到出路。自尊心过强会影响律师的发展。

请记住，这关乎当事人，关乎案件，关乎辩点，而绝不应该关乎你。

★ ★ ★

公理 9：优秀律师——**公平对待证人**。

这是另一个棘手的领域。

律师有时似乎有颠倒黑白的能力。

当我看到优秀律师以精湛的发问技巧摧毁一个证人，如同剑客迅速肢解手无寸铁的人一样，我的心情很复杂。

我认为这不是一场公平的战斗。

原因有四点：

> 律师是受过训练的剑客；
>
> 证人没有受过训练；
>
> 证人没有武器；
>
> 即便为了赢得这场战斗，剑客也通常不需要肢解他人。

所以当一场不公平的战斗出现时，我发现我会忍不住不喜欢律师，有点不喜欢了，这足以降低我倾听的欲望，这样我就不再愿意被这位律师说服。所以，如果律师出剑太快，走得太远，即使她们是对的，也会降低她们的说服力。

对证人公平就是只做为了胜诉需要做的事，多了不做。

记住：你可能不需要肢解证人，你也不总需要对证人做出最大的伤害。

★ ★ ★

这又回到了从法官的角度看案件：不断问你自己，法官或陪审员是怎么看的？

如果需要使用这把剑，请确保你有充分的理由。至少等到证人说了一些明显是无稽之谈的话，判断方法就是从法官的角度看问题。如果你确定证人明显在胡说八道，你才可能有充分的理由亮剑。

通常不会是在这之前。

回想一下，在前文中我们谈到巧妙地制造尴尬胜过直接戳穿。从法官的角度来看，这很重要。尴尬通常就够了。

如果你很厉害，你应当已经拥有公然割裂灵魂的技能。不要滥用这一权力。善待每一个证人，包括那些对你不利的证人。在她们给你毋庸置疑的理由之前，不要拔出你的剑。“毋庸置疑”不是你的评估，而是对一个公正的普罗大众，即对客观的第三人来说是毋庸置疑的。

★ ★ ★

引导性的发问是个挑战。

它们把话强加到证人的口中。

但如果证人明显没有律师聪明，这看起来就是不对的。看起来她们是掉入陷阱从而说出她们并不想说的话。

而且这看起来明显是在要把戏。

引导需要尽职尽责。

我们通常教初学者交叉询问的时候只问引导性的问题。

是的，如果问题简单明确，会奏效。

但当问题冗长、令人费解、令人困惑的时候，从审判席上看到一个证人说“是”会让人不舒服。她显然不理解但不想显得愚笨，所以她同意了。然后律师用答案固定了证人，炫耀地要求法官读一读法庭记录，或者播放法庭录像。

★ ★ ★

那么答案是什么呢？什么是公平的？

嗯……

你必须能敏锐地发现你何时达到了发问的目的，以区别证人理解不了问话的意图。

如果是后者，继续问其他问题，然后再回到这一点上，变换措辞引出另一个问题，让她们再一次说“是”。如果答案模棱两可，你通常只需要再做一次。

当然这有风险，你现在可能会得到一个你不满意的答案。

但你必须要有判断的能力。有判断能力你才是优秀律师。我们之前已经讨论过这个问题。

你必须判断你已经确定了答案，还是答案尚不稳定。

★ ★ ★

所以，如果再尝试一次，确保你第二次试探经过了精心设计和深思熟虑。

我无法告诉你如何进行衡量，只能建议你在脑海中问一下你的母亲，她会不会认为你已经搞定了，她是否认同？母亲通常会鼓励你，但她会告诉你真实情况的，不是吗？如果你还没做到，她会如实相告。从某种意义上说，这就好比问法庭会怎么想，如陪审团。但我们常常被困在说服陪审团上，却忘记把她们想象成 12 位母亲。

所以，也许这就是答案：如果你认为你已经搞定了证人，母亲会同意吗？

★ ★ ★

对我来说，就像你知道的，当我感觉某个答案不太清晰时，等到补充发问环节结束之后，如果仍未得到有效处理，我才会问，我会回顾背景信息，并且我只问开放性的问题，每个问题不超过10个单词，然后我就会得到有效答案。而到那时，即使律师后来被允许问更多的问题，你可能已经输掉了这个点，这是你本应在我介入之前做到的。

所以，先斟酌好。

思考，这个答案能经得起法官的盘问吗？

在你的心里，问问母亲。

★ ★ ★

公理 10：优秀律师——**帮助法庭工作人员**。

法官依赖法官助理和书记员。我在前文中写到了这一点。

我只想让你们知道我从他们那里听到了什么。

这让我大笑，但我当时的怀疑和所写都是真的。

每一个字。

对她们友善吧。因为你不在场时，她们会在法官办公室里对你评论多多。

帮助她们，因为她们能不留痕迹地伤害你。

她们在法庭上很平静，双唇紧闭，保持沉默，一旦走进我的办公室，她们会像蜜蜂一样愤怒。蜜蜂会蜇人，不蜇我，蜇你。

★ ★ ★

明白了吧。

法官寻求公平。

随着审判的进行，她们会进行**傻瓜判断**，**礼仪衡量**，并考虑**接受可能性**。

并且她们铭记着优秀律师的公理，共十条。

其中最重要的一条是，**不要说废话**。

★ ★ ★

来自世界各地的读者邮件精选

“我非常感谢您写了一本如此出色的书。我觉得本书很有用！书的版式也使这本书易于阅读，引人入胜。”

Adam Pogonowski

“我是肯尼亚 Kisii 大学法律系的二年级学生。我写这封信，是为了感谢您愿意通过您的著作与我们和全世界分享您在讼辩技能方面的丰富经验。这本书是如此地鼓舞人心且富有教育意义。”

Mokaya John

“我是一名英国－坦桑尼亚专业律师培训课程的学员。读了您的书，得知您在阿鲁沙，我觉得有必要联系您，让您知道我有多么喜欢您的书。到目前为止，这是我在讼辩技能领域中遇到的最棒的工具书。我们BPP法学院的很多学生也觉得这本书很棒。我想让您知道，您的书将永远装在我的包里。”

Aleisha Ebrahim

“我是一名专业律师培训课程的学员，我刚刚读完您的书。这是一本非常优秀的书，也是我一直在寻找的书。非常感谢！”

Saumitra Sarder

“来自新加坡的问候。我写这封信是为了感谢您与我们分享您的智慧、知识和建议。我是税务局的一名法律官员。我刚刚买了您的书，我发现这本书非常有用，它提供了很多明智且实用的建议和技巧。”

Jimmy Y.H.Goh

“感谢您与法律界分享您的书，如何成为讼辩高手。这本书非常有帮助，有洞察力和启发性。我甚至是将本书读了三遍之后才在书上做标记！”

Neil Kumar

“写这封电子邮件是为了感谢您精彩绝伦的书，我大概花了三小时来阅读，并伴以三杯茶。我即将开始我法学本科的学习。我应该还有几年才能进入法庭，但您书中的建议将是无价的。正如您所说，‘练习，练习，练习！’——这正是我要做的。”

Isaac Paine

“我是一名澳大利亚法律专业的学生，目前正在攻读比较法学硕士学位，在南澳大利亚的阿德莱德和德国的曼海姆学习。我也正在申请成为南澳大利亚的律师。最近，在工作中，一位诉讼大律师推荐我购买并阅读您的书，因为他说这是一本‘必读’的书。他说得很对。我刚刚读完了这本书的最后一页，我想我应该感谢您将您的经验和观点付诸笔端并出版了这本书。这本书教会了我很多，非常有教育意义。再次感谢您使我能拥有如此精彩的阅读时光。”

Peter Kassapidis

“我刚刚读完了您的书。我只想说，这是一股清流，也是我读过的最好的法律书籍。我渴望成为一名御用大律师，我会带着您的书走好每一步，这本书太棒了！”

Mariagnes Neesham-Teixeira

“我是一名尼日利亚律师，刚刚读完了您的这本书，该书是我们法学院的老师推荐给我们的。我必须说，这本书教会了我很多，使我在法律实践和私人关系中的语言精简了50%。谢谢！”

Msoo Dio

“我从都柏林匆匆寄来这张便条，感谢您写了这本小书。我是一名专门研究社会福利法的非专业律师，我与法律界人士密切合作。您的书对我很有帮助，我打算在我的工作中使用它。”

Ciara Murray

“我是多伦多大学法学院的学生，正在过暑假。我很享受阅读本书。这是一本好书，非常实用，读完本书我已经感到更自信，非常感谢您！”

Cameron Funnell

“我以谦卑之心对您充满敬意。在 2005 年我有幸读到了本书的第一版。您的书简洁而精准。我最近又购买了本书的最新版本，即 2009 年第二版。这一版本具有很强的可读性和易懂性，涉及所有与讼辩技能相关的律师技能。正如弗朗西斯·培根勋爵所说的那样‘有些书可以浅尝辄止，有些书可以囫囵吞枣，还有一些书需要反复咀嚼和消化。’对我来说，本书就是这样一本需要反复咀嚼和消化的伟大著作。我没有其他更恰当的措辞，只能说，我们——全球律师界，衷心地感谢您在讼辩技能方面所做出的杰出贡献。”

孟加拉国最高法院的辩护律师

Khandaker Mohamamd Musfiqul Huda

“我刚刚读完了您精彩论战中的一个章节。我是格拉斯哥的一名法学院学生，打算在取得律师资格后在苏格兰律师协会执业。非常感谢您赋予我的阅读享受。我刚刚在一节量刑辩护的刑法课上使用了‘扭动脚趾’、‘双手背后’和身体呈 84.5 度的技巧。”

Ryan Corey

“您的书中所描绘的讼辩技能发挥积极作用的画面给我留下了深刻的印象。在我看来，这就是该怎么做和采取什么风格的问题。并且，书中的表达方式，无论是语言的选择还是视觉呈现的角度，都清晰地传达了这一点。事实上，当我误以为我买的第一本书丢了之后我立即买了第二本，这样我就可以重新阅读这本书。我们的一位工作人员现在正在向我走来，我将把我的第一本书送给她。”

Brian Coulter，非诉律师

鲍威尔•斯宾塞律师事务所

“作为一名初级律师，我已经反复阅读本书很多次。每次我开庭之前，我总会重新阅读这本书。”

Nathaniel J.Hartney

Hartney & Compnay

温哥华